Babette Ulmer

NORWEGER MIT RUNDPASSEN *stricken*

Statement-Mode im Scandi-Stil

CV

Vorwort

Bunte Norwegermuster faszinieren uns Stricker:innen seit jeher! Die mehrfarbigen Einstrick- oder Jacquardmuster bieten einfach eine enorme Fülle an Möglichkeiten für Muster und Farben. Motive, klassisch oder frech, oder grafische Muster, traditionell oder provokativ – der Ideenvielfalt sind dabei kaum Grenzen gesetzt.

Ich habe für dieses Buch zeitlose Norwegerpullis als Rundpassenpullover entworfen, die mit ihrer Farbgebung ganz ins Hier und Jetzt gehören, aber auch immer wieder individuell verändert werden können. Sie werden entweder klassisch von unten nach oben oder manche auch von oben nach unten, einige in Runden, andere in Hin- und Rückreihen gestrickt. Allen gemeinsam ist, dass ihre Rundpassen aus Segmenten in Jacquardtechnik gearbeitet werden. Die Rundung von den Ärmeln über die Schultern bis zum Hals oder in entgegengesetzter Richtung entsteht dabei durch Abnahmen bzw. Zunahmen, sodass jeder Rapport wie ein Tortenstückchen aussieht. Werden diese Rapporte in Runden gestrickt, formt sich dadurch der Bereich zwischen Ärmelnaht und Kragen.

Viele Modelle können Sie bis auf die kleine Unterarmnaht nahtlos in Runden stricken. Andere Modelle werden bis zur Passe in Hin- und Rückreihen gearbeitet. Ärmel- und Seitennähte verleihen Pullovern oft eine definierte Passform, rundgestrickte Pullover fallen in der Regel weicher. Alle diese Effekte lassen sich nutzen, um den perfekten Norwegerpulli zu arbeiten.

Alle Farbkombinationen sollen dabei als Inspiration dienen. Bei einigen Modellen zeige ich Ihnen auch, wie sehr eine andere Farbwahl dabei den Charakter eines Musters verändern kann. Kombinieren Sie nach Lust und Laune und behalten Sie neben der Farbigkeit auch immer den Kontrast der gewählten Farben im Blick. Bei stärkerem Kontrast hebt sich ein Muster stärker vom Hintergrund ab, ein schwächerer Kontrast lässt das Muster mystischer erscheinen. Auch die Garnstruktur beeinflusst die Wirkung des Musters. Spielen Sie mit allen Möglichkeiten! Und wenn Sie ein Norwegermuster mit gleichmäßigen Spannfäden gearbeitet haben, betrachten Sie doch auch einmal die Rückseite Ihrer Arbeit. Das Muster erscheint auch im Verlauf der Spannfäden mit vertauschten Farben. Seien Sie mutig! Trauen Sie sich doch auch einmal, die vermeintlich „linke" Seite des Norwegermusters nach außen zu tragen. Ein Beispiel dazu zeige ich Ihnen.

Ich wünsche Ihnen viel Freude beim Nacharbeiten!

Babette Ulmer

Inhalt

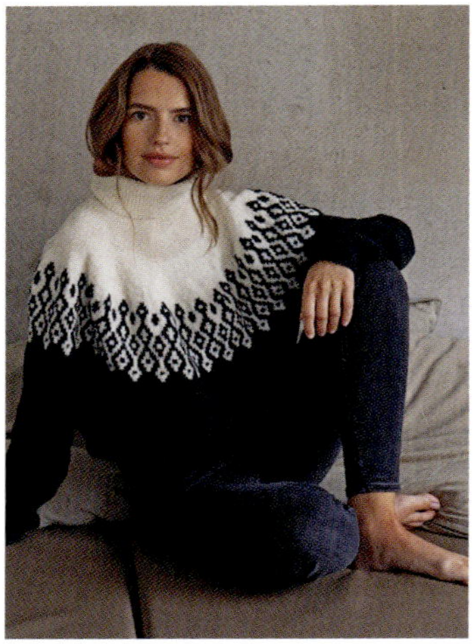

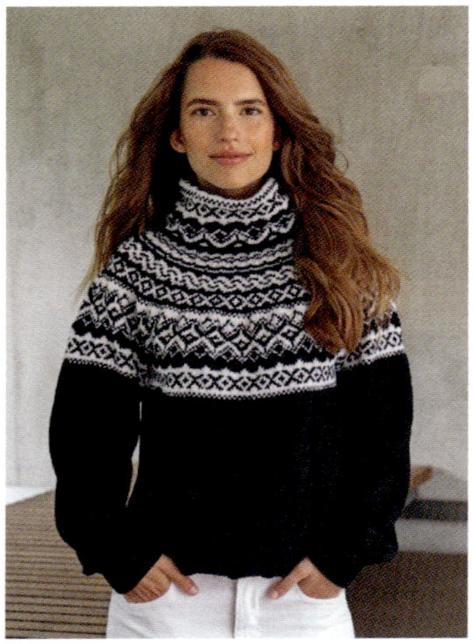

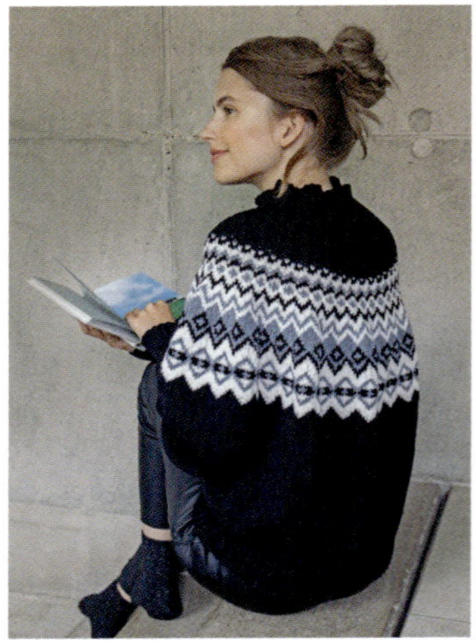

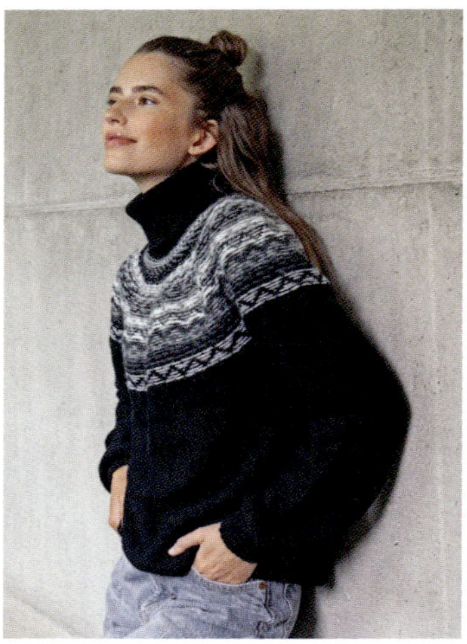

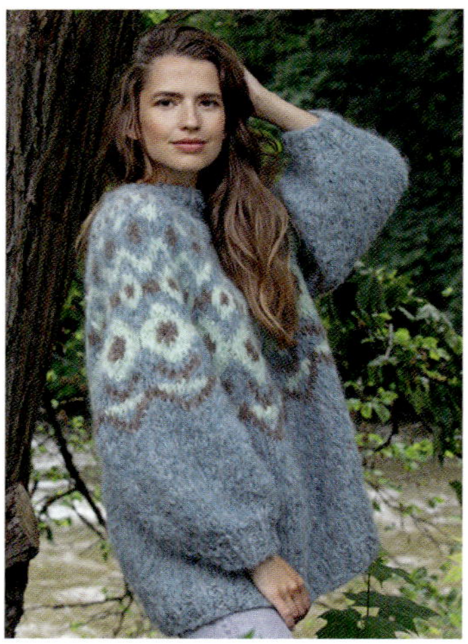

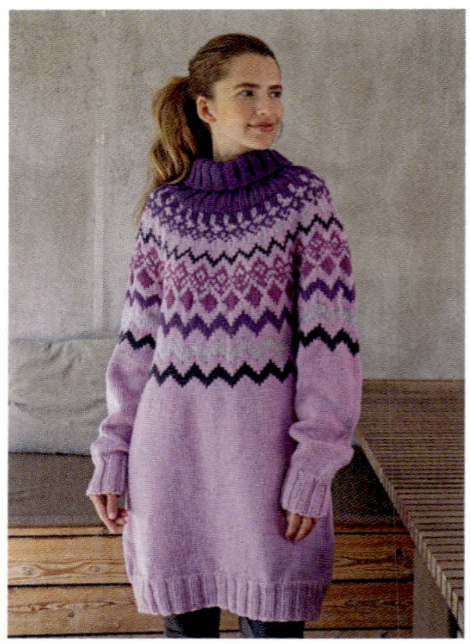

ABKÜRZUNGEN

M = Masche(n) MM = Maschenmarkierer Randm = Randmasche(n)

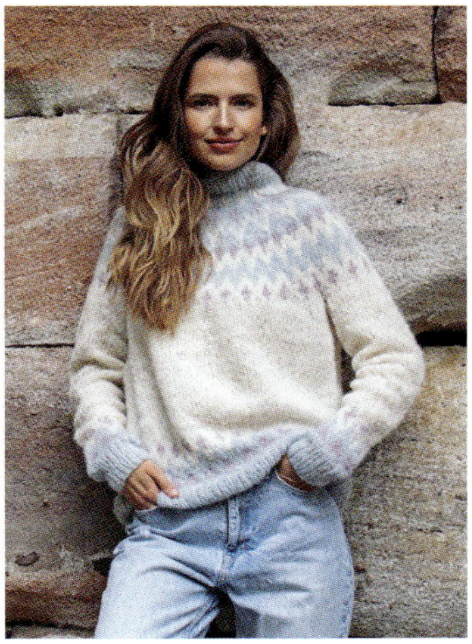

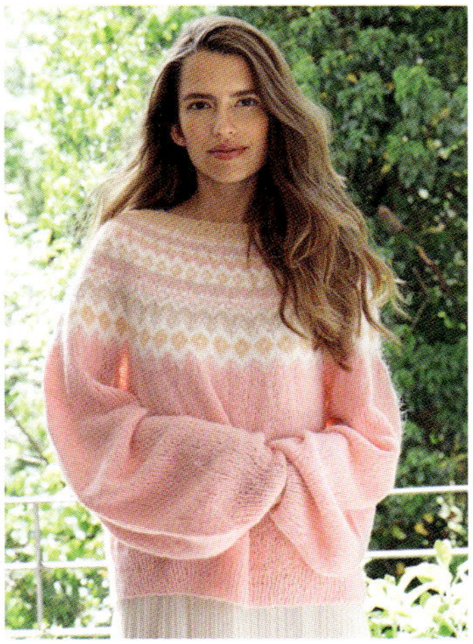

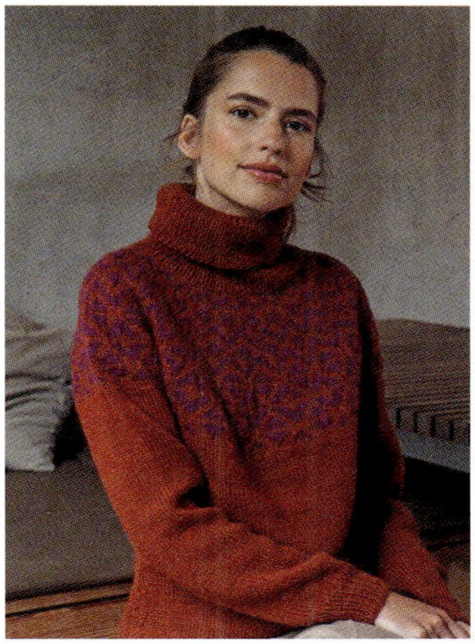

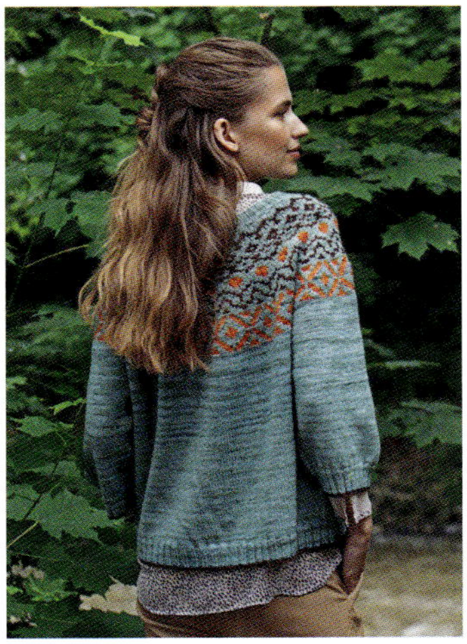

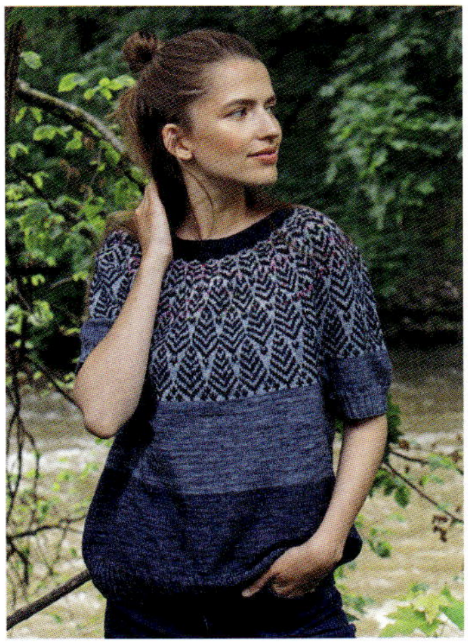

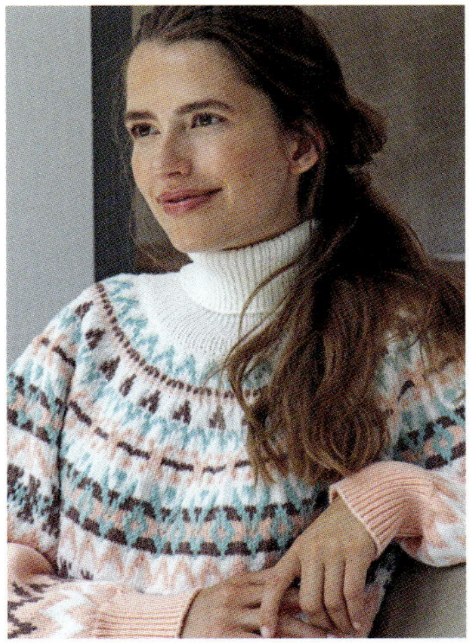

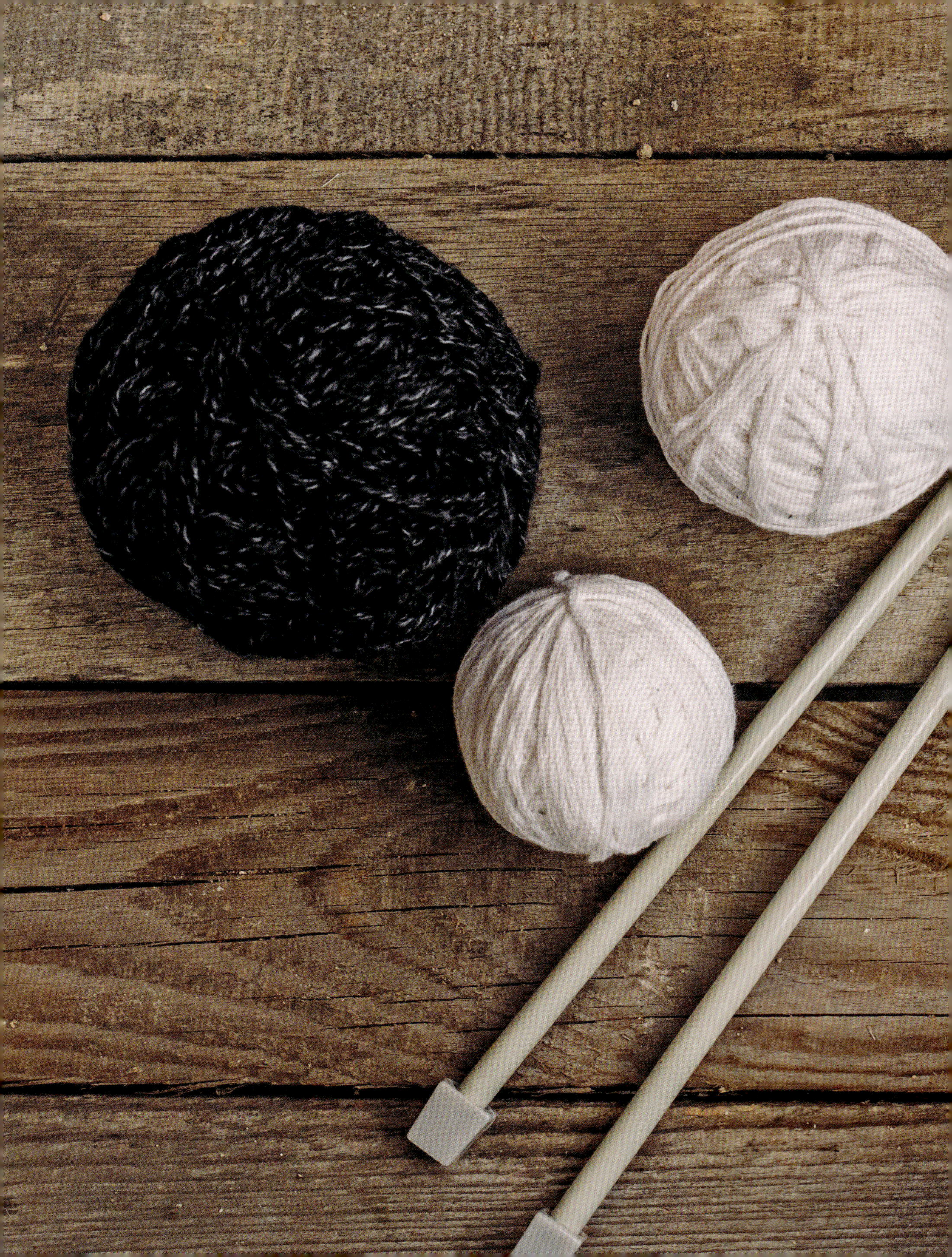

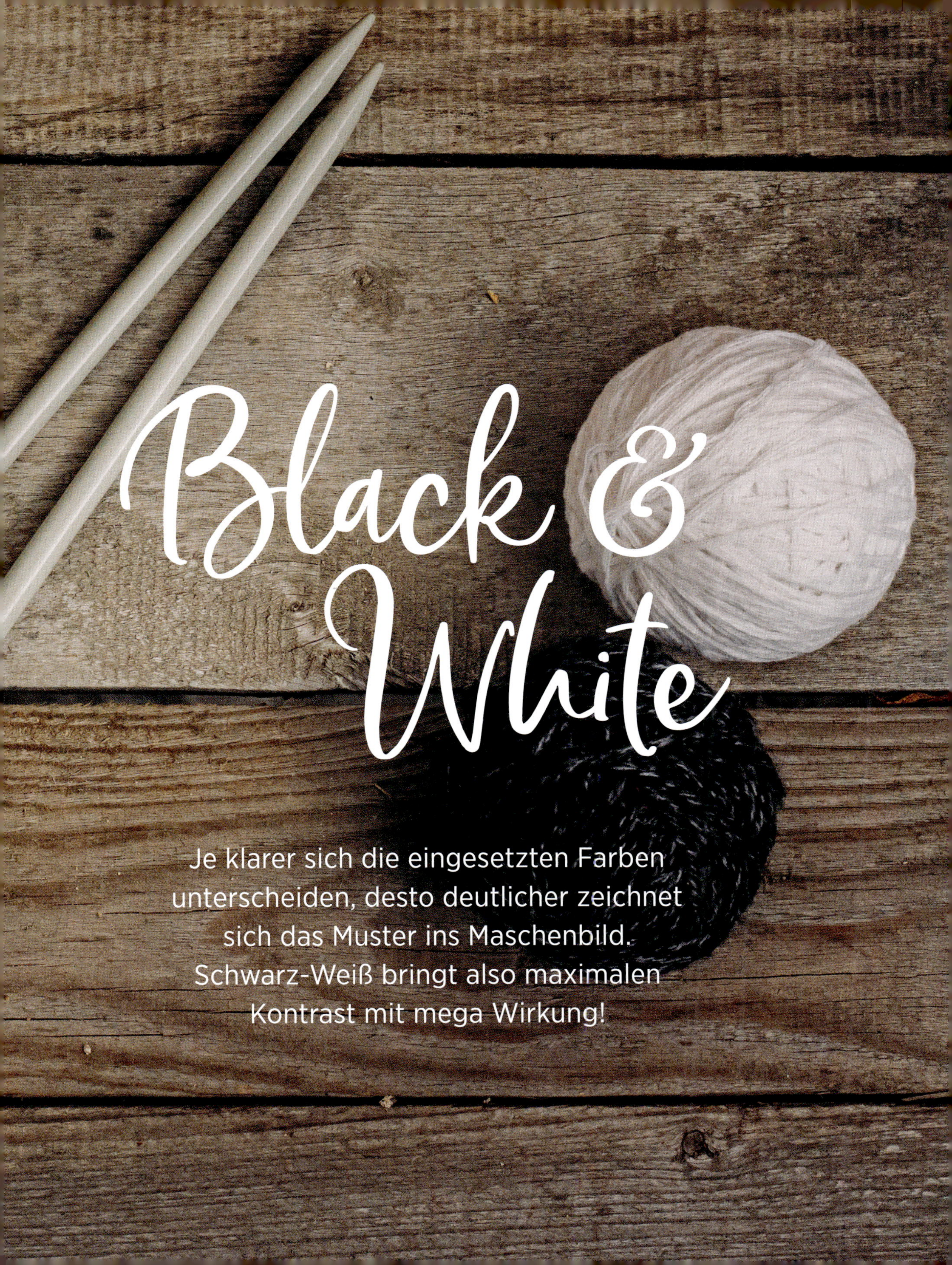

Black & White

Je klarer sich die eingesetzten Farben unterscheiden, desto deutlicher zeichnet sich das Muster ins Maschenbild. Schwarz-Weiß bringt also maximalen Kontrast mit mega Wirkung!

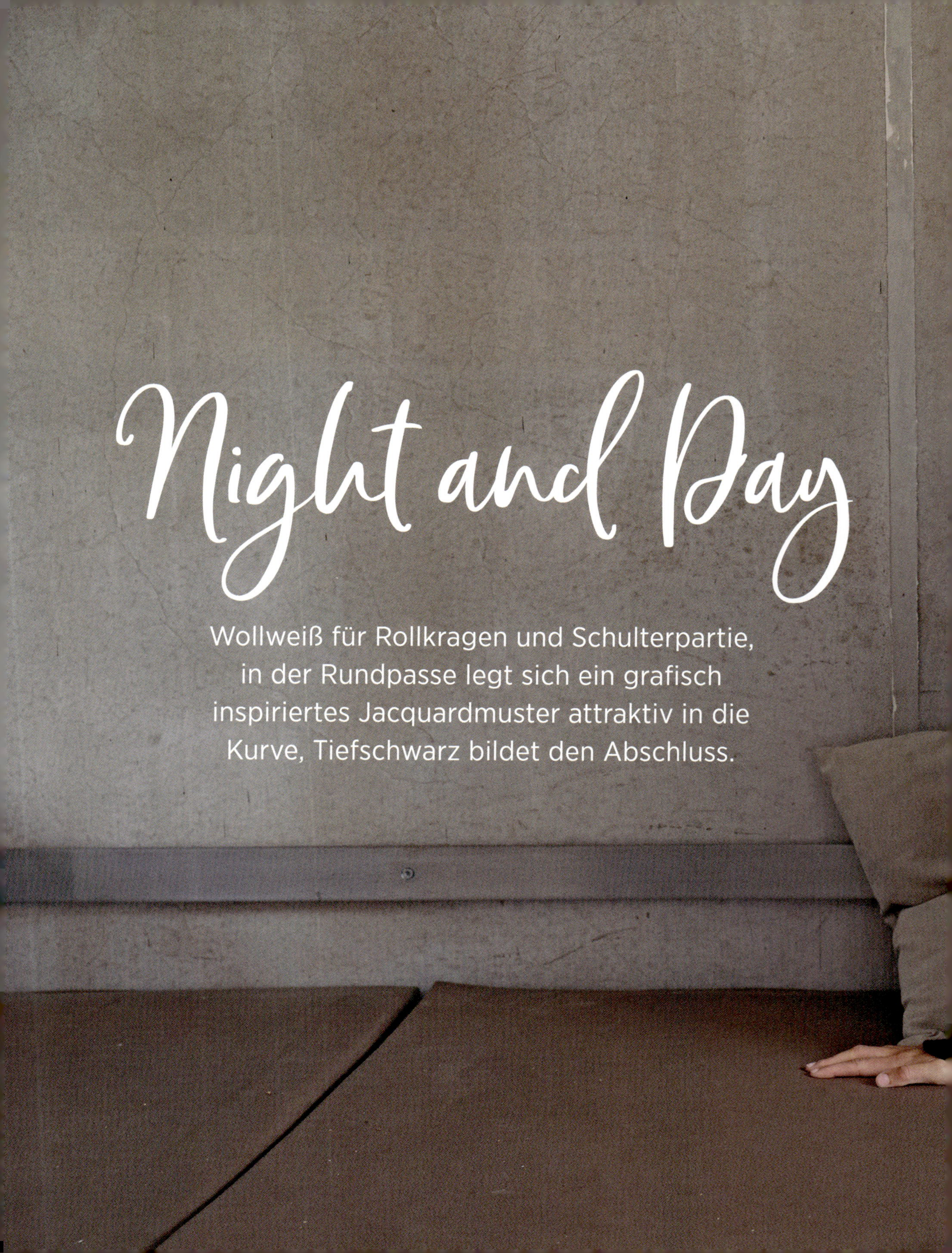

Night and Day

Wollweiß für Rollkragen und Schulterpartie, in der Rundpasse legt sich ein grafisch inspiriertes Jacquardmuster attraktiv in die Kurve, Tiefschwarz bildet den Abschluss.

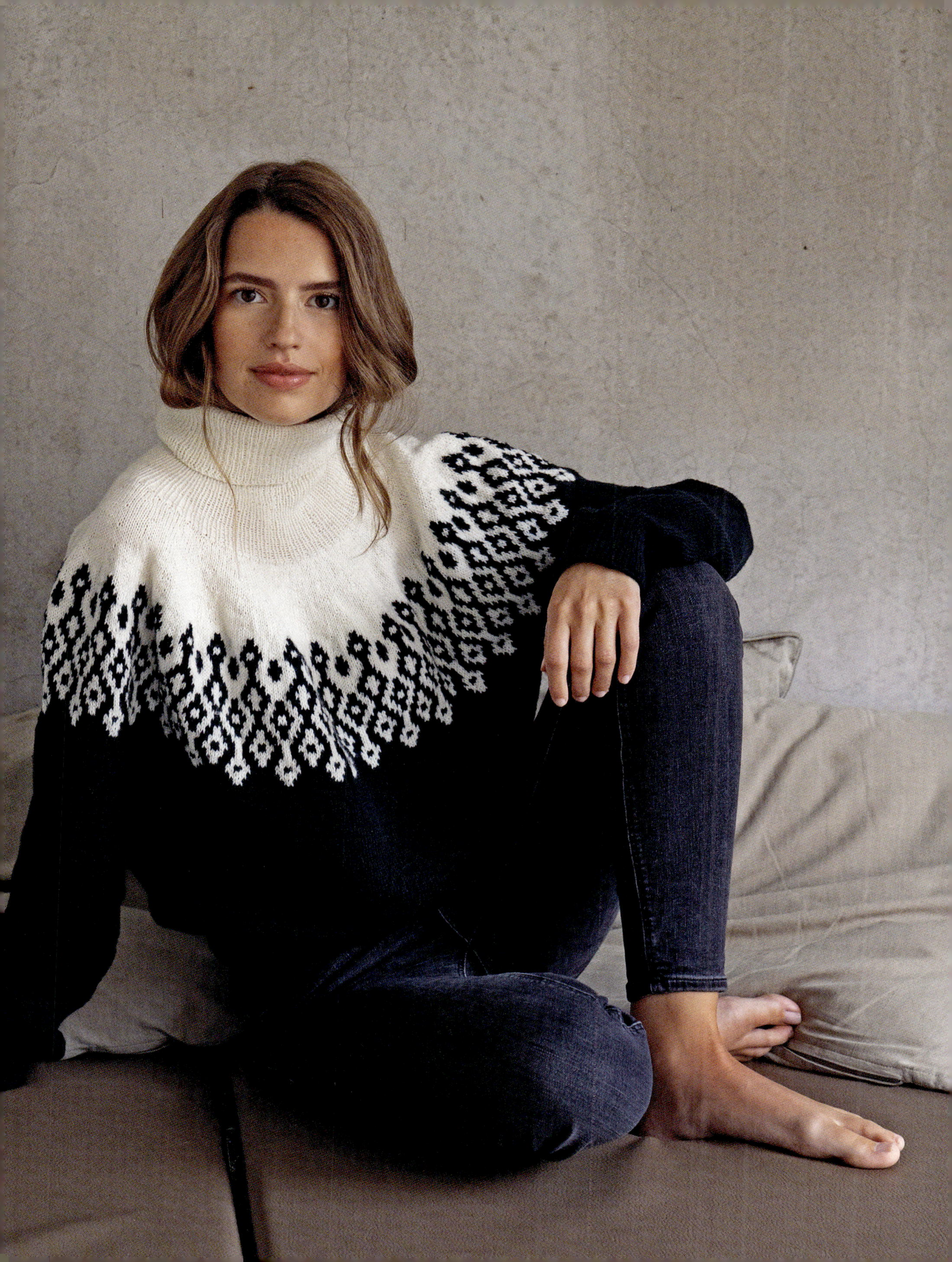

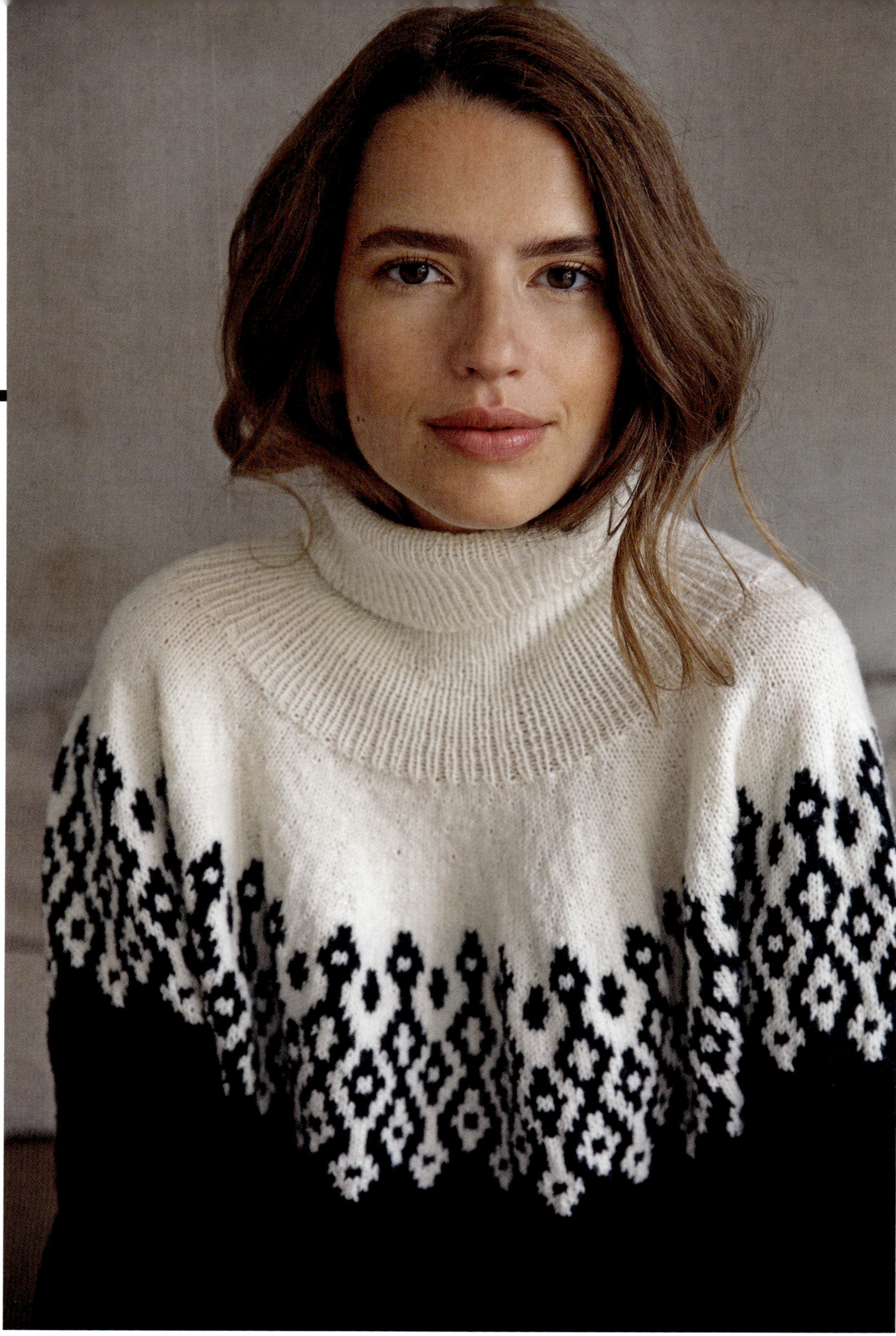

Night and Day

Schwierigkeit:

GRÖSSE
38/40, 42/44 und 46/48
Die Angaben für die kleinste Größe stehen vor der Klammer, die für die beiden größeren Größen aufsteigend und von einem / getrennt in den Klammern. Wird nur eine Angabe gemacht, gilt diese für alle Größen.

MATERIAL
Nuovo Merino (100 % Schurwolle, LL = 180 m/50 g) 400 (450/500) g Schwarz (Fb 138-131-29) und 200 (250/250) g Wollweiß (Fb 138-132-29) von Junghans-Wolle; verschieden lange Rundstricknadeln 3 mm und 3,5 mm und ein Nadelspiel 3 mm und 3,5 mm.

MUSTER
Rippenmuster
Gerade Maschenzahl. * 1 M links, 1 M rechts, ab * stets wiederholen.

Glatt rechts
In Runden immer rechte M stricken.

Jacquardmuster
Maschenzahl in der 1. Runde teilbar durch 10, ab der 6. Runde teilbar durch 12. Nach dem Zählmuster glatt rechts arbeiten. Es ist jede Runde gezeichnet. Den Rapport innerhalb einer Runde stets wiederholen. 1x die 1.–42. Runde arbeiten.

MASCHENPROBEN
Glatt rechts: 27 Maschen und 37 Runden = 10 cm x 10 cm.
Jacquardmuster: 29 Maschen und 32 Runden = 10 cm x 10 cm.

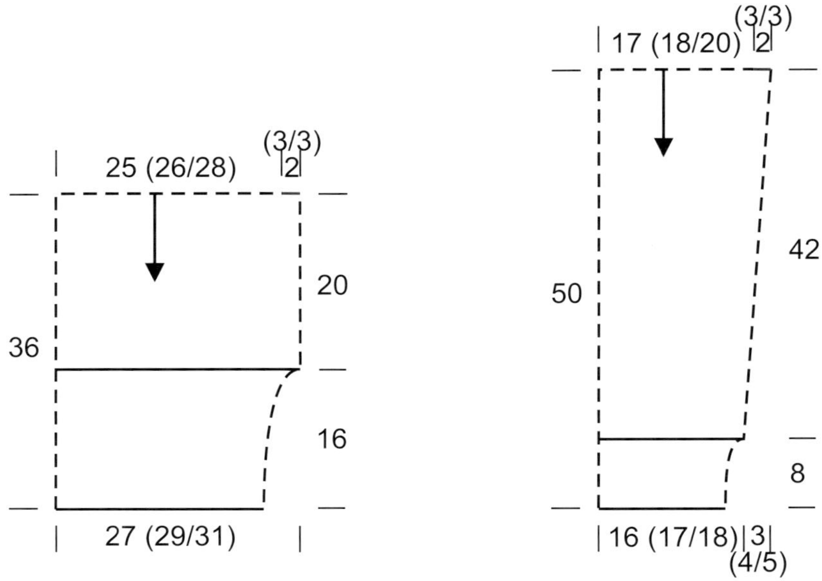

Die rote Linie markiert die Unterarmnaht.

SO WIRD'S GEMACHT

Den Pullover in einem Stück von oben nach unten in Runden stricken:
156 (168/180) M mit Nadel 3 mm in Wollweiß anschlagen, zur Runde schließen, den Rundenübergang markieren und für den Kragen 22 cm = 88 Runden im Rippenmuster stricken. Dann mit Nadel 3,5 mm glatt rechts weiterarbeiten, dabei in der 1. Runde gleichmäßig verteilt 40 (42/44) M zunehmen = 196 (210/224) Maschen. Nun gleichmäßig verteilt 1x in der folgenden 4. Runde 26 M, dann 3x in jeder 6. Runde und noch 1x in der folgenden 4. Runde je 37 M (1x in der folgenden 4. Runde 30 M, dann 1x in der folgenden 10. Runde, 2x in jeder 8. Runde und noch 1x in der folgenden 6. Runde je 40 M / 1x in der folgenden 6. Runde 34 M, dann 1x in der folgenden 12. Runde, 1x in der folgenden 10. Runde, 1x in der folgenden 8. Runde und noch 1x in der folgenden 6. Runde je 43 M) zunehmen, dafür je 1 M rechts verschränkt aus dem Querfaden herausstricken = 370 (400/430) Maschen.
Nach 30 (38/46) Runden ab Kragen im Jacquardmuster weiterarbeiten = 444 (480/516) Maschen. Nach dem Jacquardmuster noch 4 (8/12) Runden glatt rechts in Schwarz weiterarbeiten. Der Rundenanfang liegt zwischen Rückenteil und rechtem Ärmel. Dann die Arbeit in Schwarz fertigstellen und dazu wie folgt einteilen: 88 (98/106) M rechter Ärmel, 134 (142/152) M Vorderteil, 88 (98/106) M linker Ärmel, 134 (142/152) M Rückenteil.

Zuerst mit den je 134 (142/152) M von **Vorderteil und Rückenteil** weiterarbeiten, die M der Ärmel zunächst stilllegen: Am Rundenbeginn 6 (8/8) M dazu anschlagen, die 134 (142/152) M des Vorderteils rechts stricken, 12 (16/16) M dazu anschlagen,

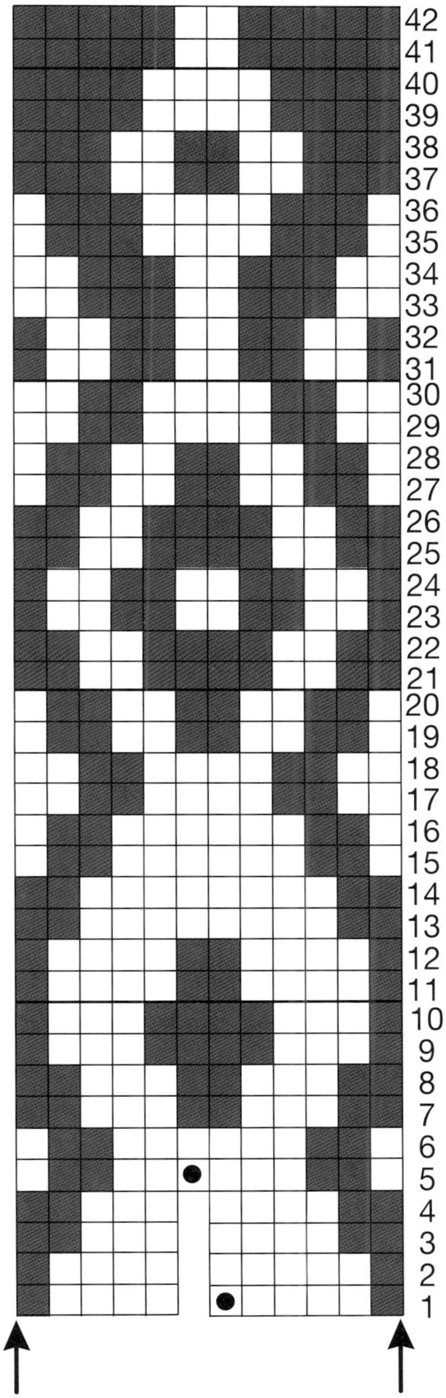

Zeichenerklärung

- ☐ = Wollweiß
- ■ = Schwarz
- ⊙ = 1 Masche aus dem Querfaden rechts verschränkt herausstricken

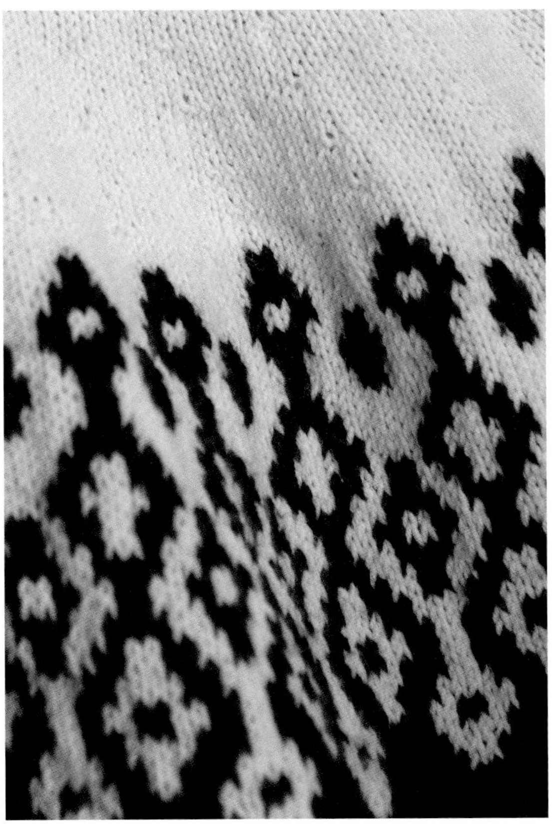

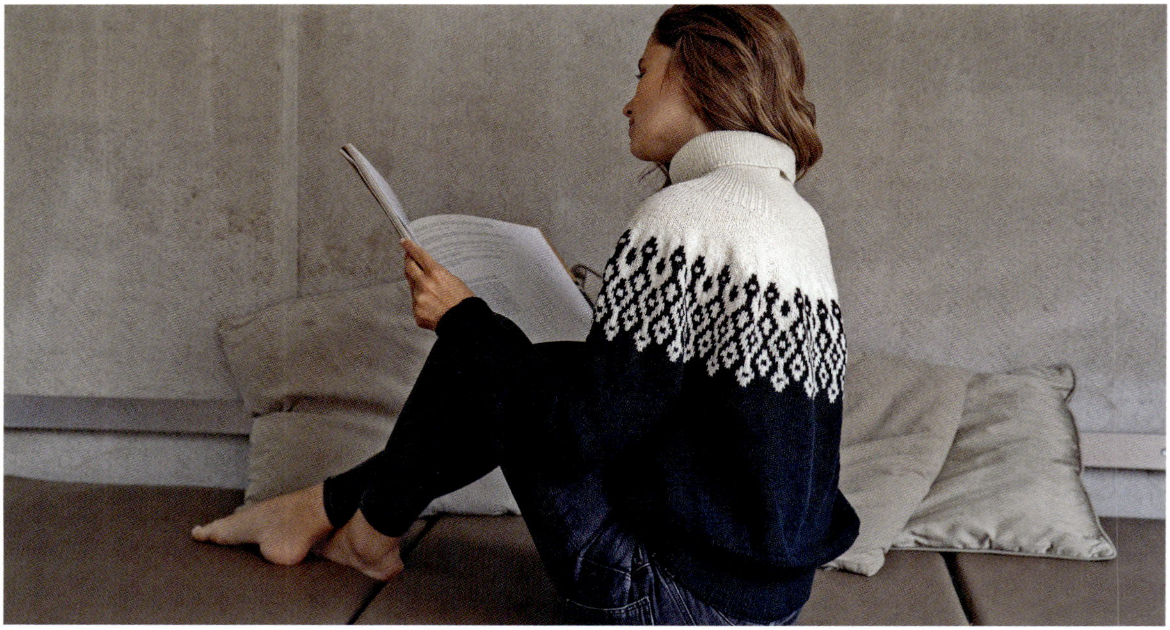

134 (142/152) M des Rückenteils rechts stricken und am Rundenende erneut 6 (8/8) M dazu anschlagen = 292 (316/336) Maschen. Die M zur Runde schließen, den Rundenübergang markieren und weiter glatt rechts in Schwarz stricken. Nach 20 cm ab Ende der Passe für den Bund mit Nadel 3 mm noch 16 cm = 64 Runden im Rippenmuster stricken, dabei in der 1. Runde gleichmäßig verteilt 20 M abnehmen = 272 (296/316) Maschen. Dann die M abketten, wie sie erscheinen.

Nun mit den 88 (98/106) stillgelegten M des **linken Ärmels** weiterarbeiten: Am Rundenbeginn 7 (8/9) M dazu anschlagen, die 88 (98/106) M rechts stricken und am Rundenende erneut 7 (8/9) M dazu anschlagen = 102 (114/124) Maschen. Glatt rechts in Runden in Schwarz weiterarbeiten. Den Rundenanfang markieren. Für die Ärmelschrägen 3x in jeder 16. Runde und 5x in jeder 18. Runde (6x in jeder 12. Runde und 5x in jeder 14. Runde / 6x in jeder 10. Runde und 7x in jeder 12. Runde) je 2 M abnehmen, dafür die 2. und 3. M rechts zusammenstricken und die 2.- und 3.-letzte M rechts überzogen zusammenstricken (= 1 M wie zum Rechtsstricken abheben, 1 M rechts stricken, dann die abgehobene M überziehen) = 86 (92/98) Maschen. In 42 cm Höhe ab Ende der Passe mit Nadel 3 mm für den Bund noch 8 cm = 32 Runden im Rippenmuster stricken, dabei in der 1. Runde gleichmäßig verteilt 10 M abnehmen = 76 (82/88) Maschen. Die M abketten, wie sie erscheinen. Den **rechten Ärmel** wie den linken beenden.

FERTIGSTELLUNG

Die Unterarmnähte schließen.

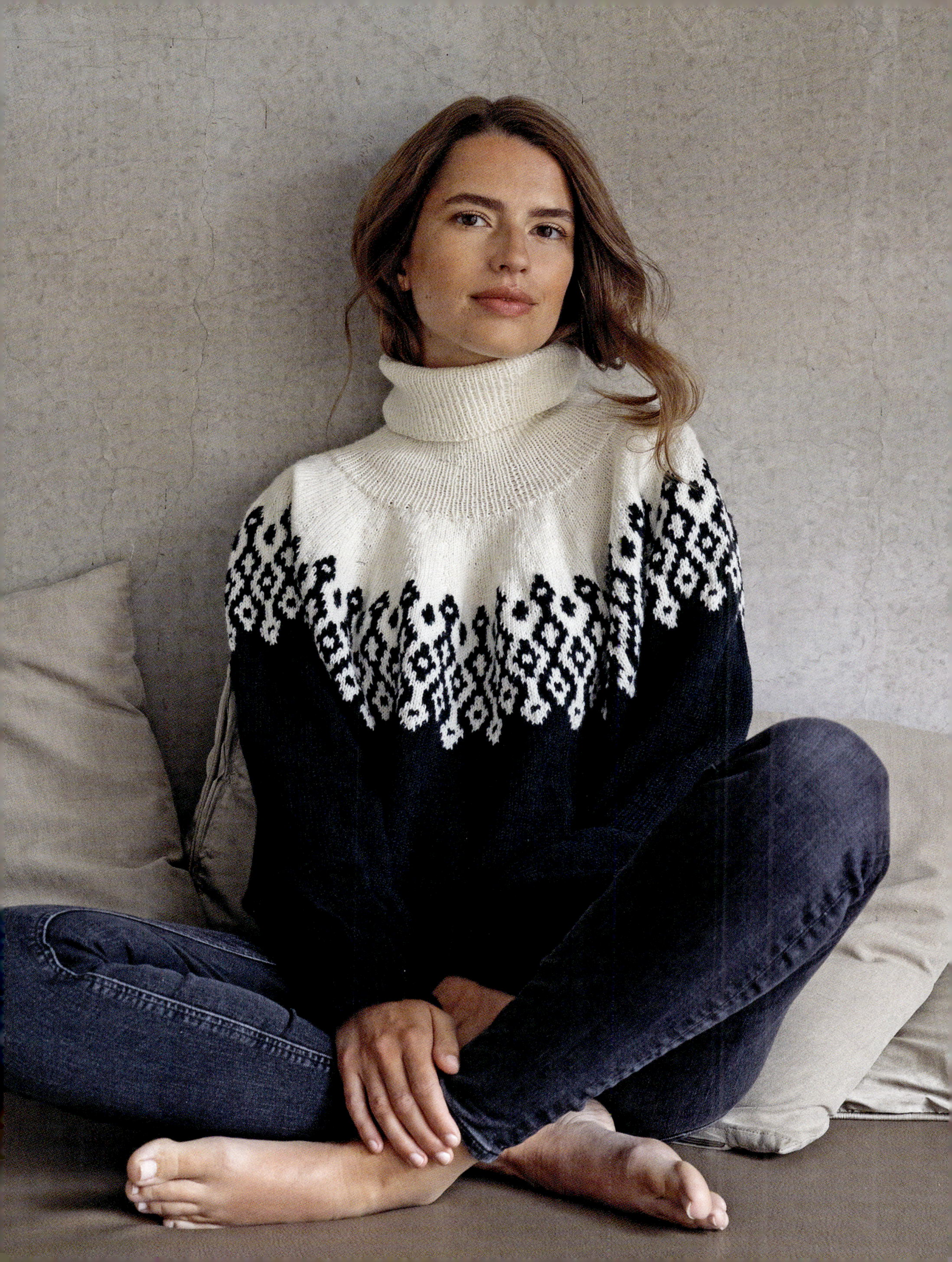

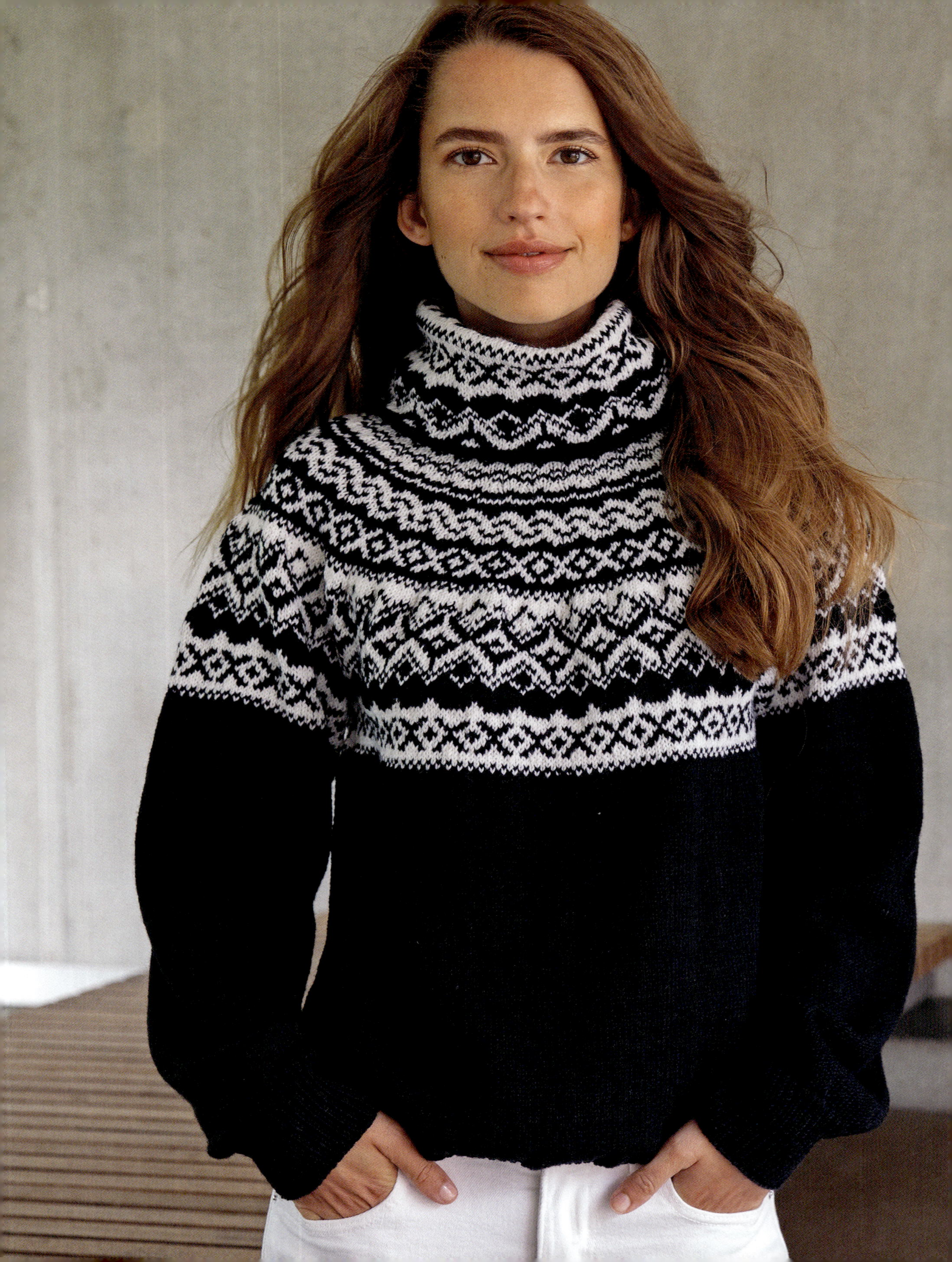

New Moon

Der von unten nach oben gestrickte Norwegerpullover besticht durch seine vielseitigen Bordüren, die sich bis in den hohen, doppellagigen Stehkragen hochziehen.

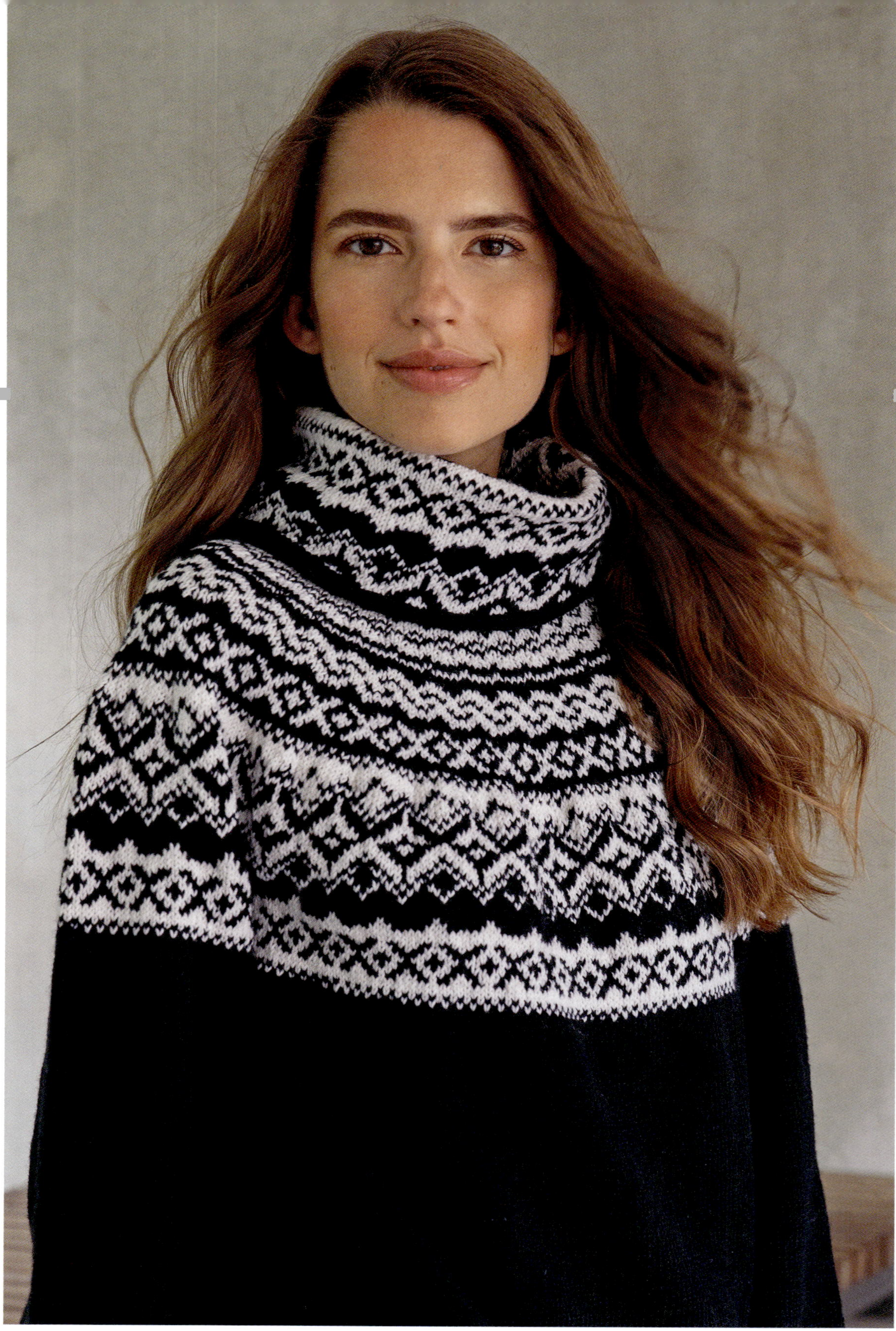

New Moon

Schwierigkeit:

GRÖßE

36/38, 40/42 und 44/46
Die Angaben für die kleinste Größe stehen vor der Klammer, die für die beiden größeren Größen aufsteigend und von einem / getrennt in den Klammern. Wird nur eine Angabe gemacht, gilt diese für alle Größen.

MATERIAL

Merino 160 exp (100 % Schurwolle, LL = 160 m/50 g) von Austermann: 550 (600/650) g Schwarz (Fb 202) und 200 (250/300) g Weiß (Fb 201); verschieden lange Rundstricknadeln 3 mm, 3,5 mm und 4 mm und ein Nadelspiel 3 mm und 3,5 mm.

MUSTER

Rippenmuster
Gerade Maschenzahl. * 1 M links, 1 M rechts, ab * stets wiederholen.

Glatt rechts
In Runden immer rechte M stricken.

Kraus rechts
In Runden abwechselnd 1 Rd rechte M und 1 Rd linke M stricken.

Jacquardmuster
Maschenzahl in der 1.–17. Runde teilbar durch 8 und dann ändert sich die Maschenzahl des Rapportes mehrfach.
Nach dem Zählmuster glatt rechts arbeiten.
Es ist jede Runde gezeichnet.
1x die 1.–88. Runce arbeiten.

Musterfolge
* 2 Runden glatt rechts in Weiß, 1.–27. Runde des Jacquardmusters, ab * stets wiederholen = 29 Runden.

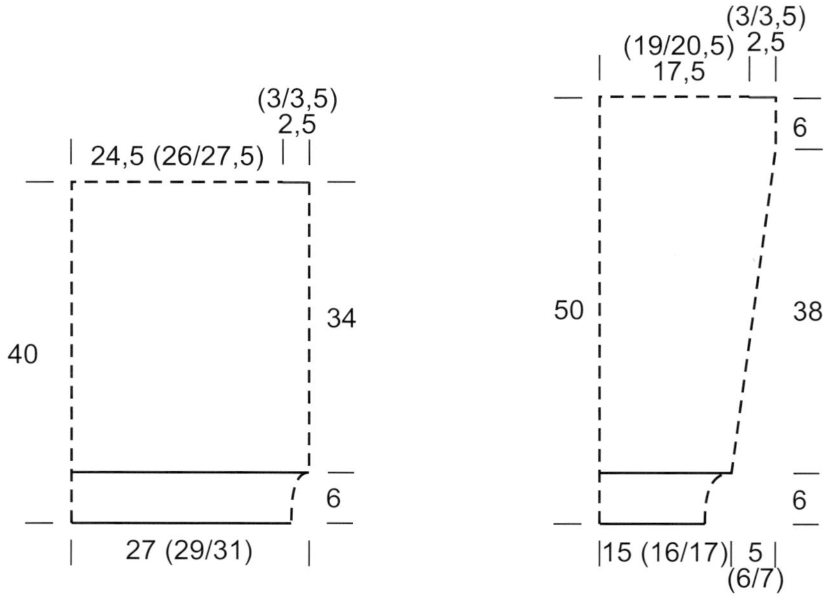

Die rote Linie markiert die Unterarmnaht.

MASCHENPROBEN

Glatt rechts, mit Nadeln 3,5 mm:
25 Maschen und 36 Reihen = 10 cm x 10 cm.
Jacquardmuster, mit Nadeln 4 mm:
26,5 Maschen und 29 Runden
= 10 cm x 10 cm.

SO WIRD'S GEMACHT

Das Vorder- und Rückenteil bis zum Beginn der Passe in einem Stück in Runden stricken: 252 (276/292) M mit Nadel 3 mm in Schwarz anschlagen, zur Runde schließen, den Rundenübergang markieren und für den Bund 6 cm = 25 Runden im Rippenmuster stricken. Beide Seitenlinien markieren = bereits markierter Rundenanfang und nach der Hälfte der M = 126 (138/146) Maschen pro Vorder- und Rückenteil. Dann mit Nadel 3,5 mm glatt rechts weiterarbeiten, dabei in der 1. Runde gleichmäßig verteilt 20 M zunehmen = 272 (296/312) Maschen.

In 34 cm Höhe ab Bund 17 Runden im Jacquardmuster mit Nadel 4 mm arbeiten, dabei in der letzten Runde jeweils die ersten und letzten 6 (8/9) M von Vorder- und Rückenteil abketten = 124 (132/138) M pro Vorder- und Rückenteil. Dann die M stilllegen.

Den Ärmel bis zum Beginn der Passe in einem Stück in Runden stricken:
68 (72/74) M mit Nadel 3 mm in Schwarz anschlagen und für den Bund 6 cm = 25 Runden im Rippenmuster stricken. Die Unterarmlinie markieren = Rundenanfang. Dann mit Nadel 3,5 mm glatt rechts weiterarbeiten, dabei in der 1. Runde gleichmäßig verteilt 10 M zunehmen = 78 (82/84) Maschen. Für die Ärmelschrägen 12x in jeder 10. Runde und 1x in der folgenden 8. Runde (4x in jeder 10. Runde und 11x in jeder 8. Runde / 11x in jeder 8. Runde und 7x in jeder 6. Runde) je 2 M zunehmen,

Zeichenerklärung

☐ = Weiß

■ = Schwarz

⧅ = 2 Maschen rechts überzogen zusammenstricken (= 1 Masche wie zum Rechtsstricken abheben, 1 Masche rechts stricken, dann die abgehobene Masche überziehen)

Anschließend mit der 43. Rd weiterarbeiten

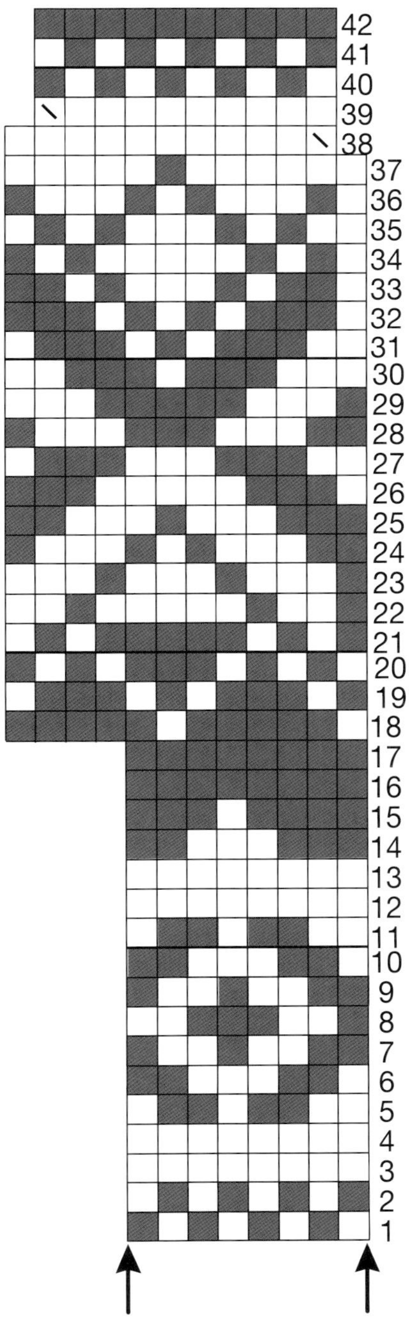

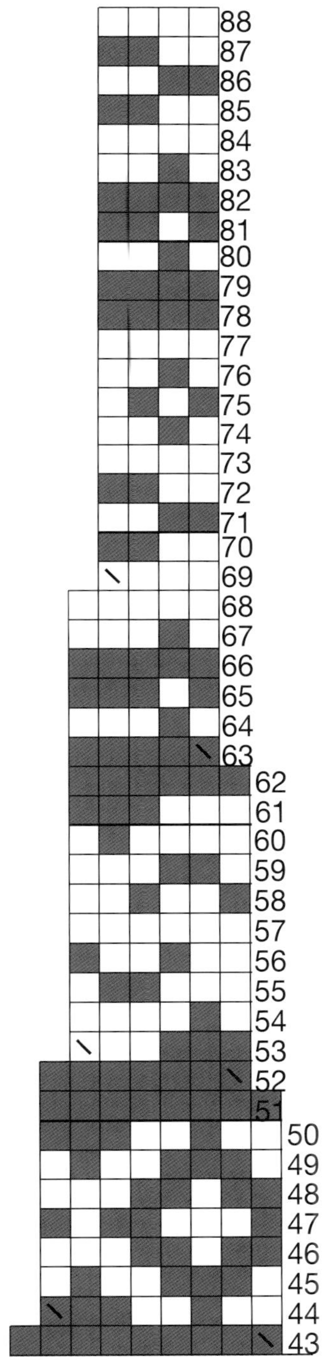

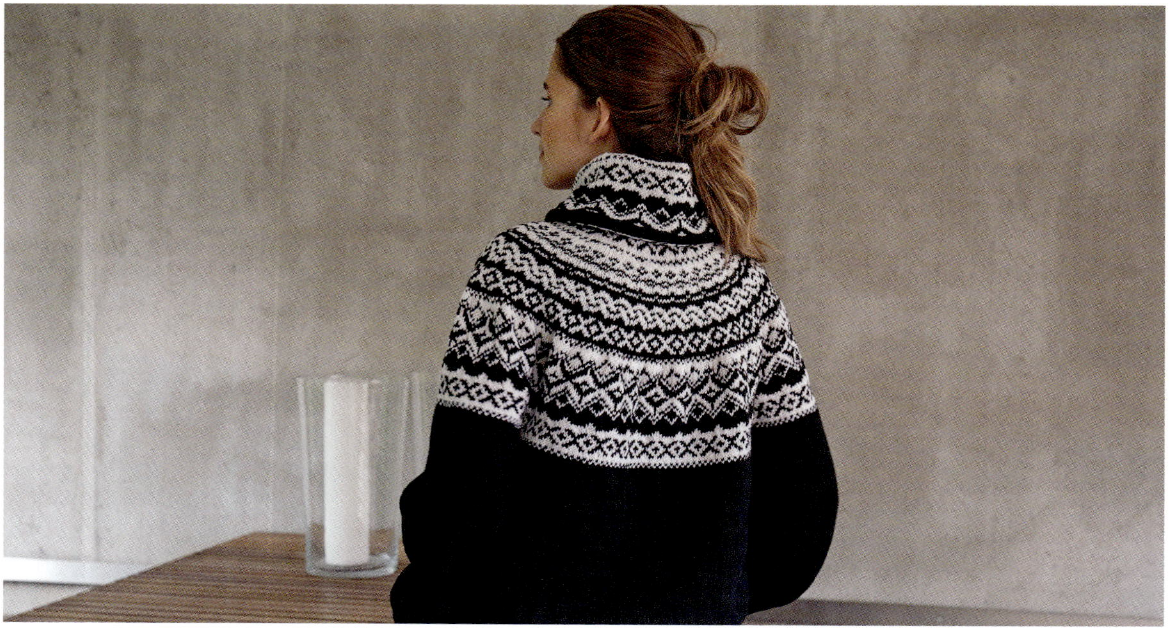

dafür nach der 1. M und vor der letzten M je 1 M aus dem Querfaden rechts verschränkt herausstricken = 104 (112/120) Maschen.
In 44 cm Gesamthöhe 17 Runden im Jacquardmuster mit Nadel 4 mm arbeiten, dabei in der letzten Runde jeweils die ersten und letzten 6 (8/9) M abketten = 92 (96/102) Maschen.
Den **2. Ärmel** ebenso arbeiten.

Passe: Nun die M aller Teile zusammen auf eine Rundstricknadel 4 mm nehmen: 92 (96/102) M linker Ärmel, 124 (132/138) M Vorderteil, 92 (96/102) M rechter Ärmel, 124 (132/138) M Rückenteil = 432 (456/480) Maschen. Die restlichen 61 (66/71) Runden des Jacquardmusters (= 1x die 18.–78. (83./88.) Runde des Zählmusters) arbeiten = 144 (152/160) Maschen.

Dann in der Musterfolge weiterarbeiten, dabei in der 1. Runde gleichmäßig verteilt 0 (16/8) M zunehmen = 144 (168/168) Maschen. In der 19. Runde der Musterfolge (= nach der 17. Rd des Zählmusters) die Arbeit 1x um die Rundstricknadel drehen, sodass die bisherige Rückseite nun außen liegt. Die Musterfolge fortsetzen. Nach insgesamt 87 Runden in der Musterfolge (= 3x die 29 Runden der Musterfolge) mit Nadel 3,5 mm noch 6 Runden kraus rechts in Schwarz stricken, dann alle M abketten.

FERTIGSTELLUNG

Die Unterarmnähte schließen.

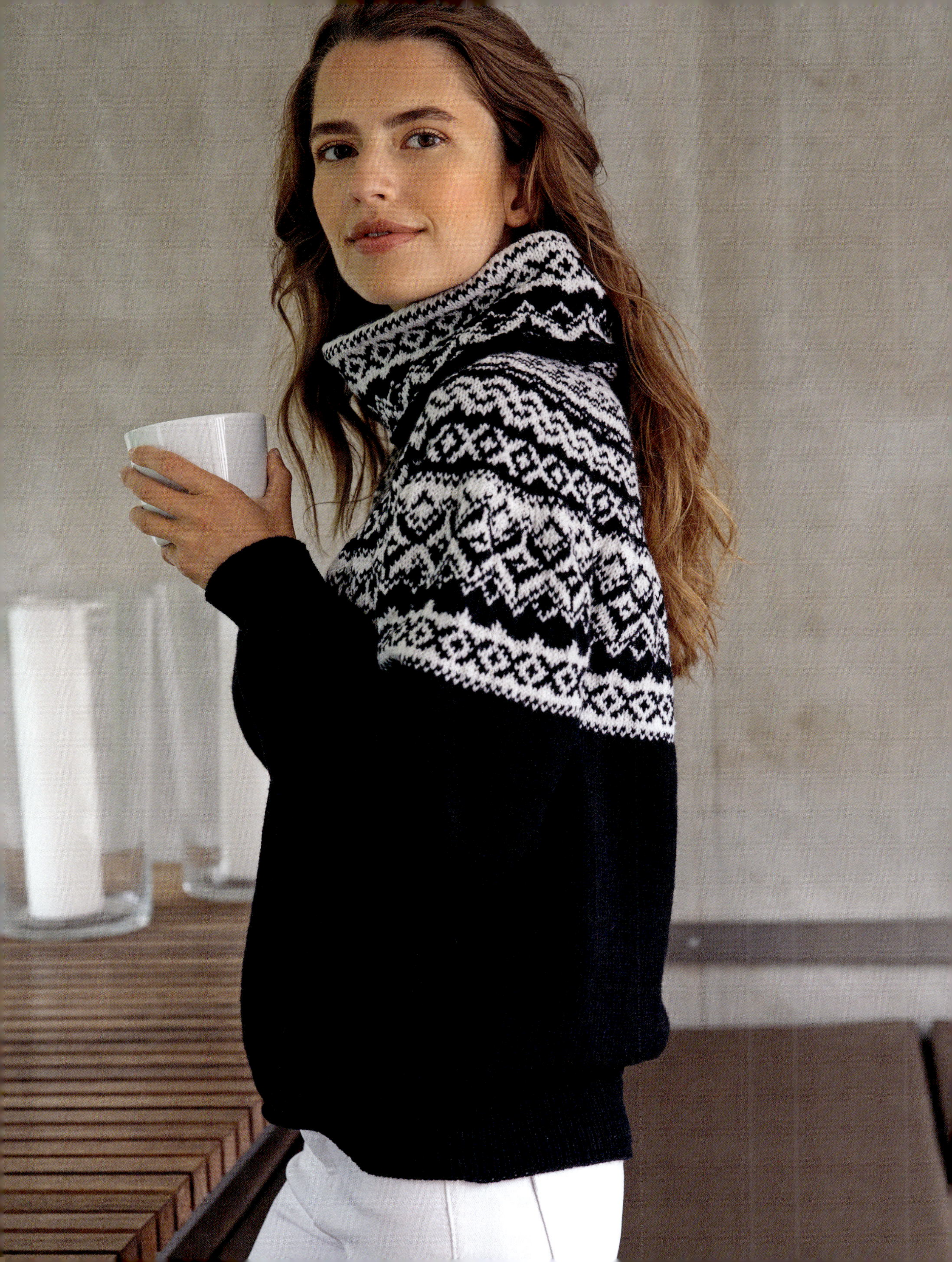

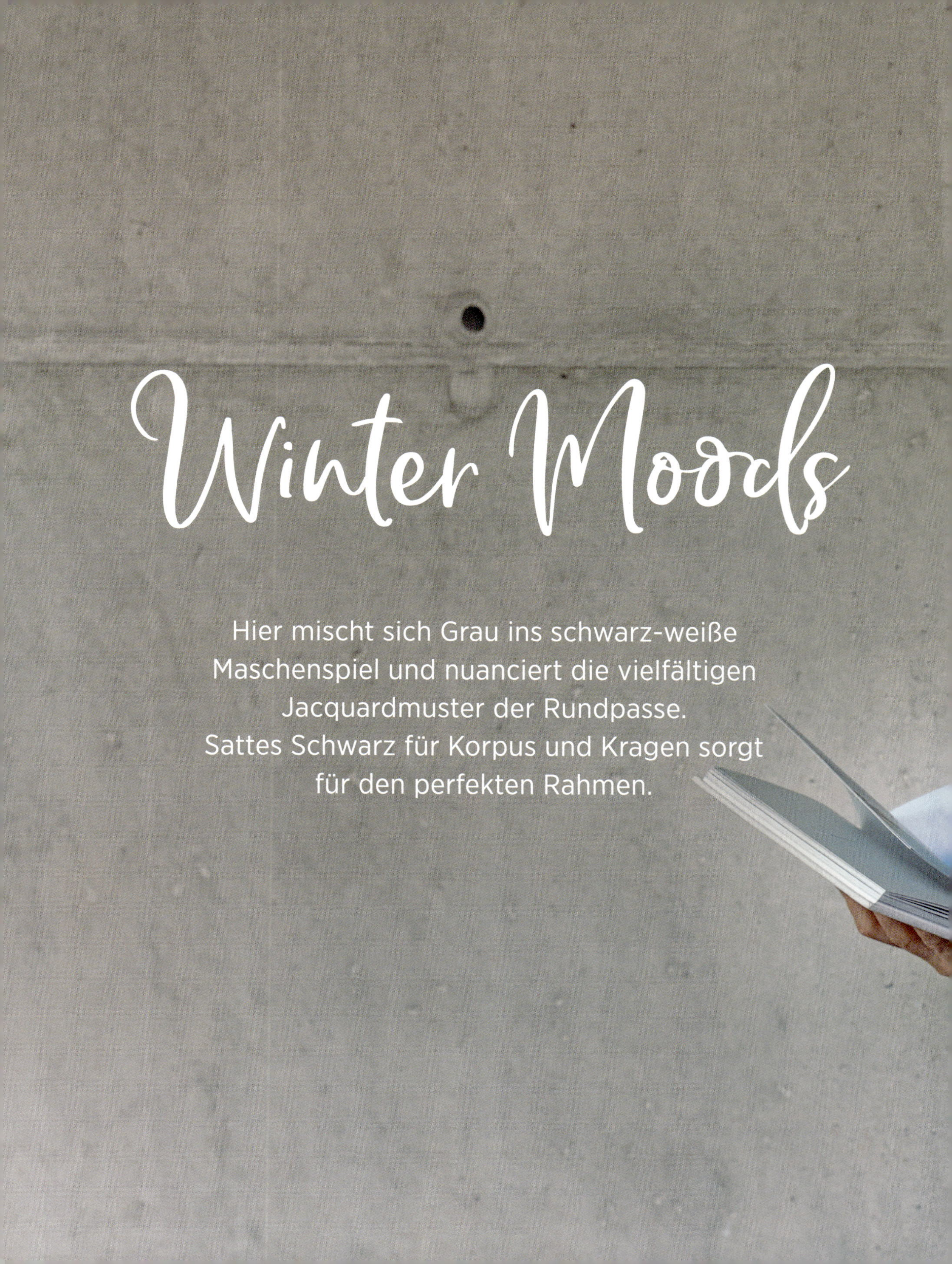

Winter Moods

Hier mischt sich Grau ins schwarz-weiße Maschenspiel und nuanciert die vielfältigen Jacquardmuster der Rundpasse. Sattes Schwarz für Korpus und Kragen sorgt für den perfekten Rahmen.

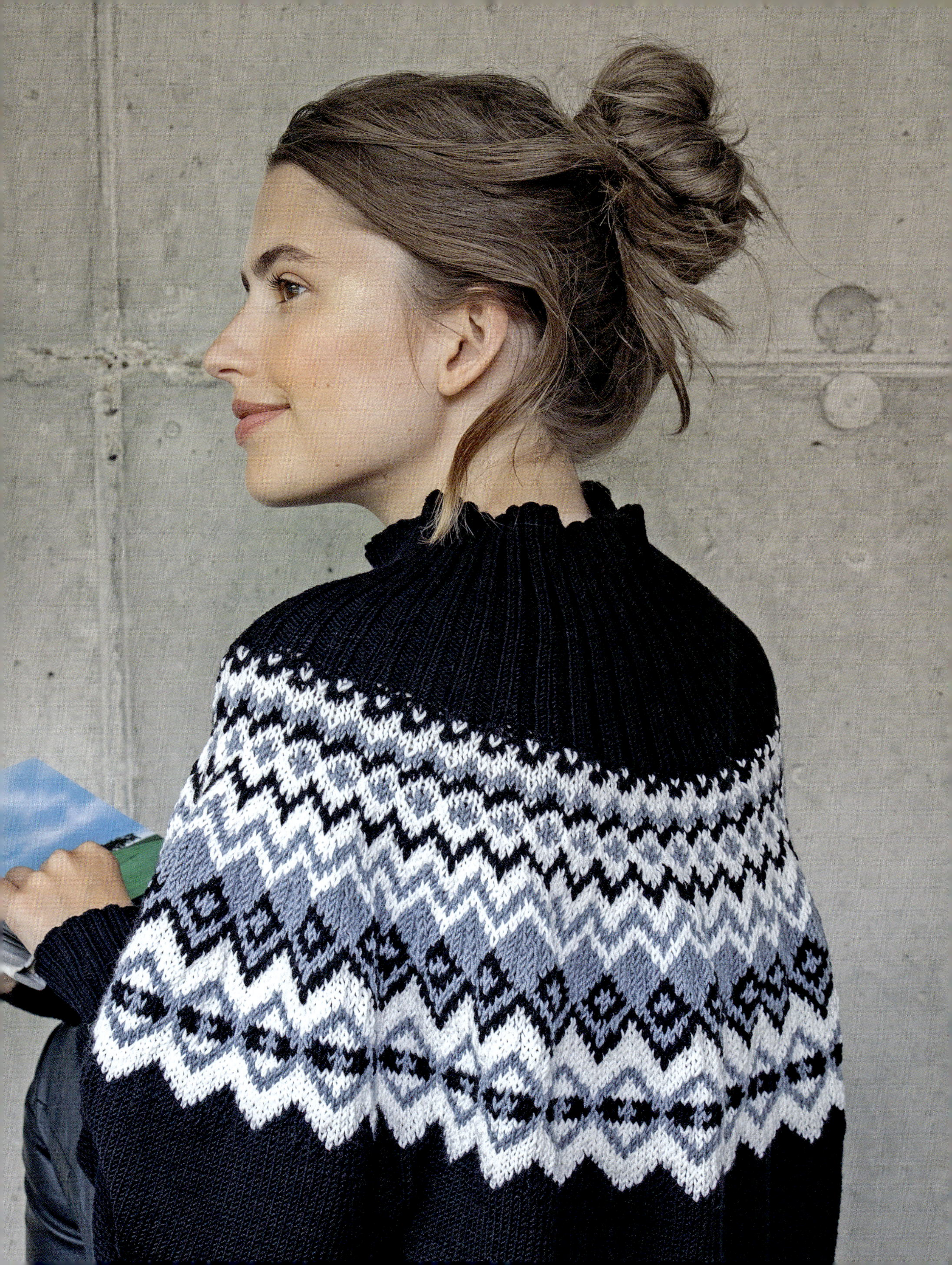

Winter Moods

Schwierigkeit:

GRÖßE

38/40, 42/44 und 46/48
Die Angaben für die kleinste Größe stehen vor der Klammer, die für die beiden größeren Größen aufsteigend und von einem / getrennt in den Klammern. Wird nur eine Angabe gemacht, gilt diese für alle Größen.

MATERIAL

Madeleine 150 (100 % Schurwolle, LL = 150 m/50 g) von Buttinette: 500 (550/600) g Schwarz (Fb 52.381.51), je 100 (150/150) g Grau (Fb 52.378-30) und Wollweiß (Fb 52.142.30), Stricknadeln 3 mm, 3,5 mm und 4 mm, verschieden lange Rundstricknadeln 3 mm und 4 mm und ein Nadelspiel 3 mm.

MUSTER

Rippenmuster
Maschenzahl teilbar durch 4 + 2 Randm.
1. Reihe (Rückreihe): Randm, * 1 M links, 2 M rechts, 1 M links, ab * stets wiederholen. Randm. 2. Reihe (Hinreihe): Randm, * 1 M rechts, 2 M links, 1 M rechts, ab * stets wiederholen, Randm.
Die 1. und 2. Reihe stets wiederholen.

Glatt rechts
In Runden immer rechte M stricken.

Jacquardmuster
Maschenzahl zunächst teilbar durch 10.
Nach dem Zählmuster glatt rechts arbeiten.
Es ist jede Runde gezeichnet.
1x die 1.–58. Runde arbeiten.

MASCHENPROBEN

Glatt rechts, mit Nadeln 3,5 mm:
25 Maschen und 34 Reihen = 10 cm x 10 cm.
Jacquardmuster, mit Nadeln 4 mm:
25 Maschen und 28 Runden = 10 cm x 10 cm.

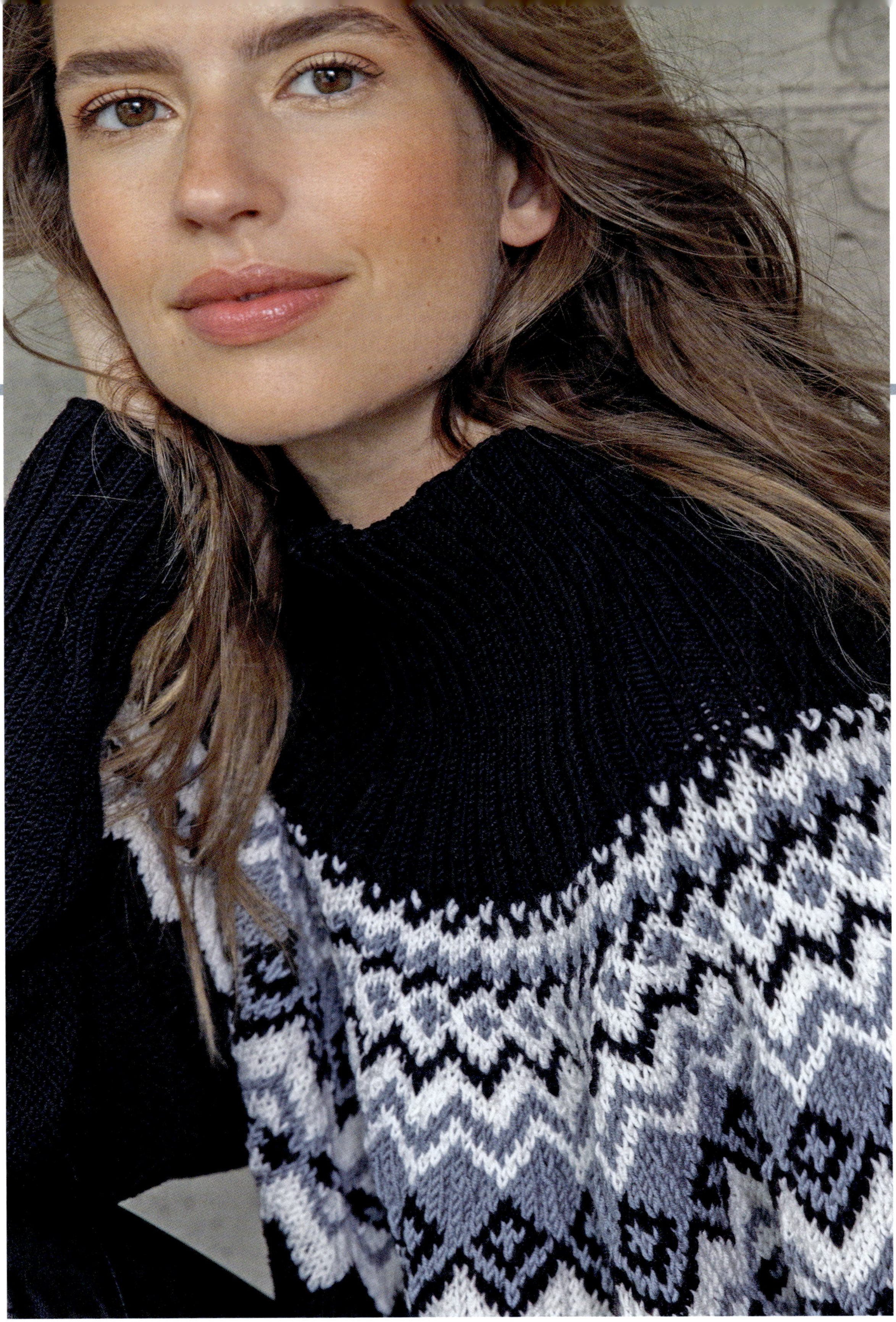

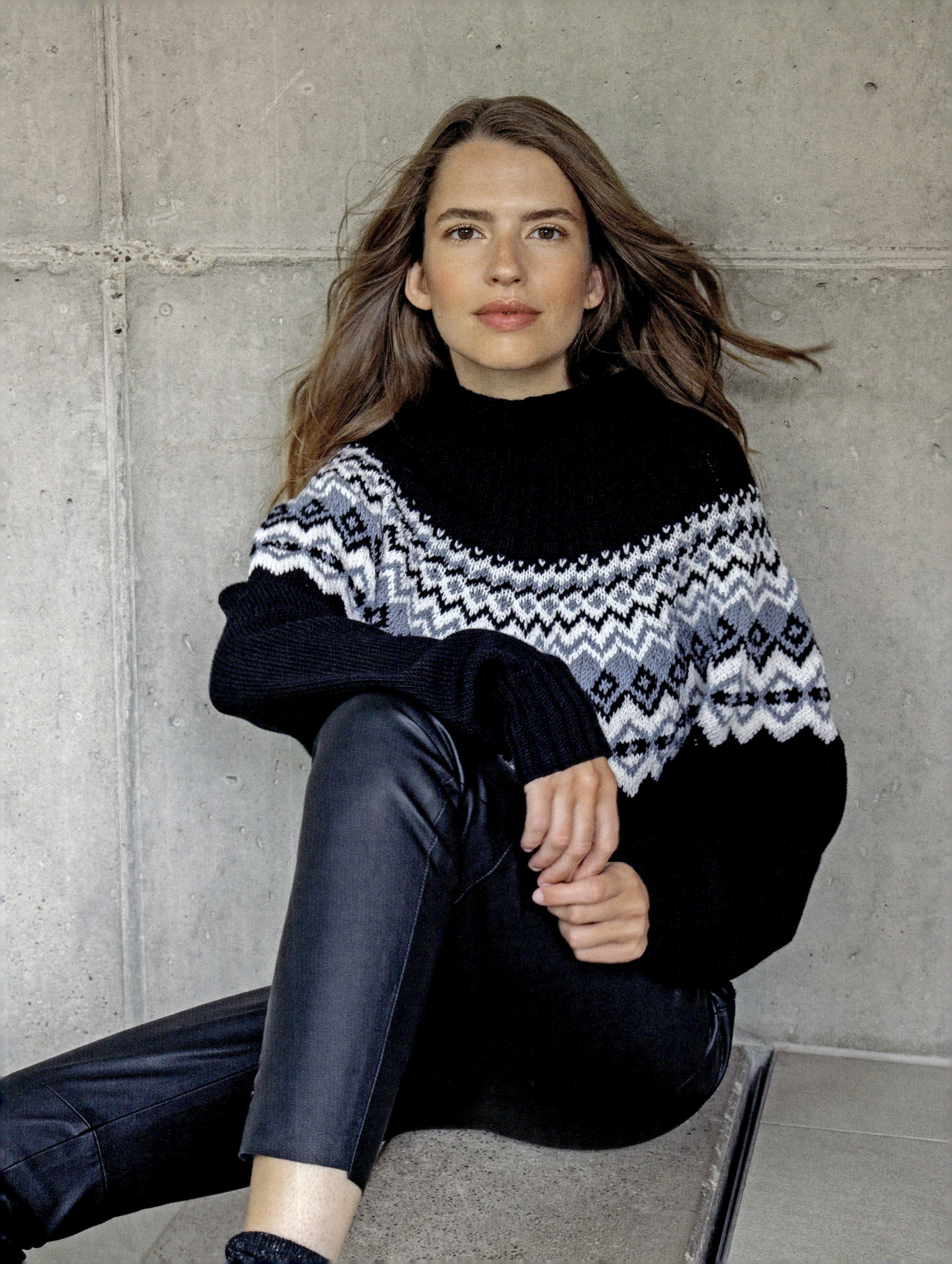

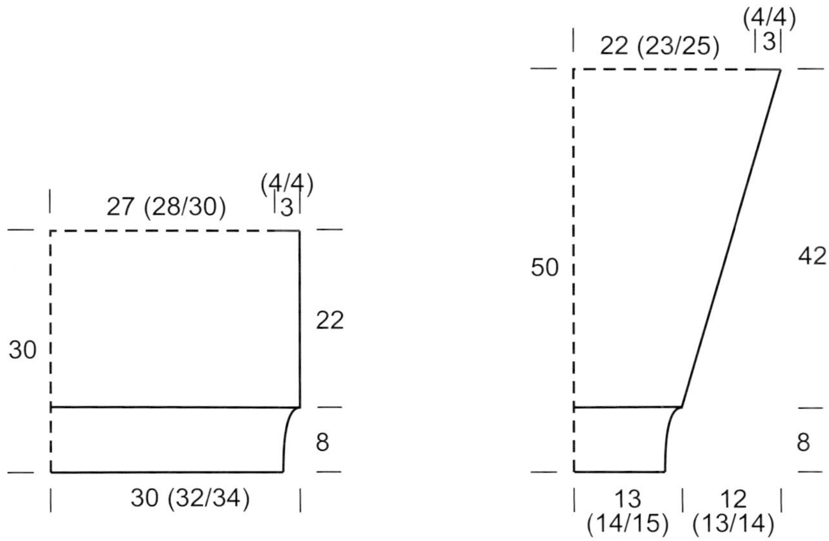

Die rote Linie markiert die Unterarmnaht.

SO WIRD'S GEMACHT

Rückenteil: 142 (150/162) M mit Nadeln 3 mm in Schwarz anschlagen und für den Bund 8 cm = 25 Reihen im Rippenmuster stricken, dabei mit 1 Rückreihe beginnen. Dann mit Nadeln 3,5 mm glatt rechts weiterarbeiten, dabei in der 1. Reihe gleichmäßig verteilt 10 (12/10) M zunehmen = 152 (162/172) Maschen. In 30 cm Gesamthöhe für die Armausschnitte beidseitig je 7 (10/10) M abketten = 138 (142/152) Maschen. Dann die M stilllegen.

Vorderteil: Wie das Rückenteil stricken.

Ärmel: 62 (66/74) M mit Nadeln 3 mm in Schwarz anschlagen und für den Bund 8 cm = 25 Reihen im Rippenmuster stricken, dabei mit 1 Rückreihe beginnen. Dann mit Nadeln 3,5 mm glatt rechts weiterarbeiten, dabei in der 1. Reihe gleichmäßig verteilt 6 M zunehmen = 68 (72/80) Maschen. Für die Ärmelschrägen beidseitig in der 7. Reihe ab Bund 1x 1 Masche, dann 8 (2/0)x in jeder 6. Reihe und 21 (30/33)x in jeder 4. Reihe je 1 M zunehmen = 128 (138/148) Maschen. In 50 cm Gesamthöhe für die Armausschnitte beidseitig 1x 8 (10/10) M abketten = 112 (118/128) Maschen. Dann die M stilllegen.

Den **2. Ärmel** ebenso arbeiten.

Passe: Nun die M aller Teile zusammen auf eine Rundstricknadel 4,5 mm nehmen: 112 (118/128) M linker Ärmel, 138 (142/152) M Vorderteil, 112 (118/128) M rechter Ärmel, 138 (142/152) M Rückenteil = 500 (520/560) Maschen. 2 (8/14) Runden glatt rechts stricken, dann mit der Rundstricknadel 5 mm die 58 Runden des Jacquardmusters arbeiten = 200 (208/224) Maschen.

Zeichenerklärung

- = Wollweiß
- = Grau
- = Schwarz
- = 2 Maschen rechts überzogen zusammenstricken (= 1 Masche wie zum Rechtsstricken abheben, 1 Masche rechts stricken, dann die abgehobene Masche überziehen)

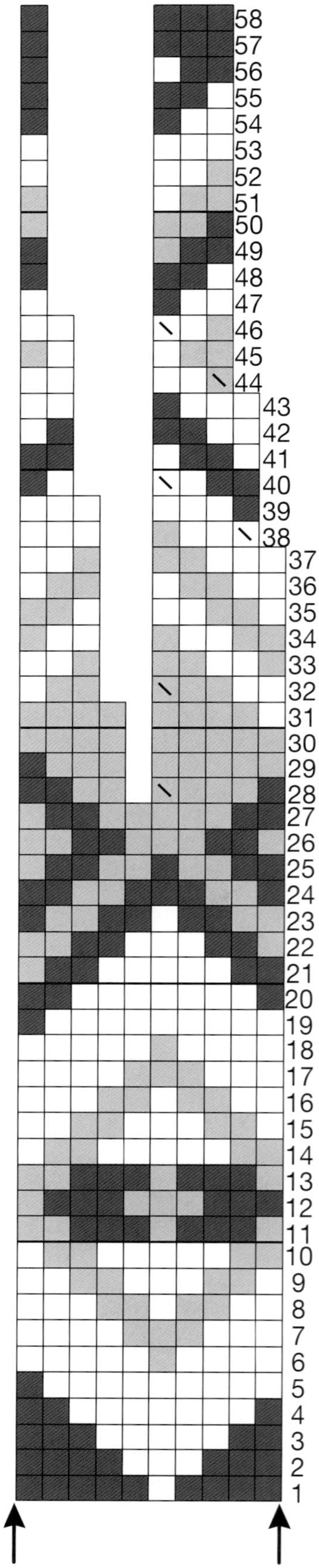

Nun mit der Rundstricknadel 3 mm noch 16 cm = 54 Runden im Rippenmuster in Schwarz stricken, dabei in der 1. Runde gleichmäßig verteilt 20 (32/40) M abnehmen = 180 (176/184) Maschen. Dann die M abketten, wie sie erscheinen.

FERTIGSTELLUNG

Die Ärmel-, Unterarm- und Seitennähte schließen.

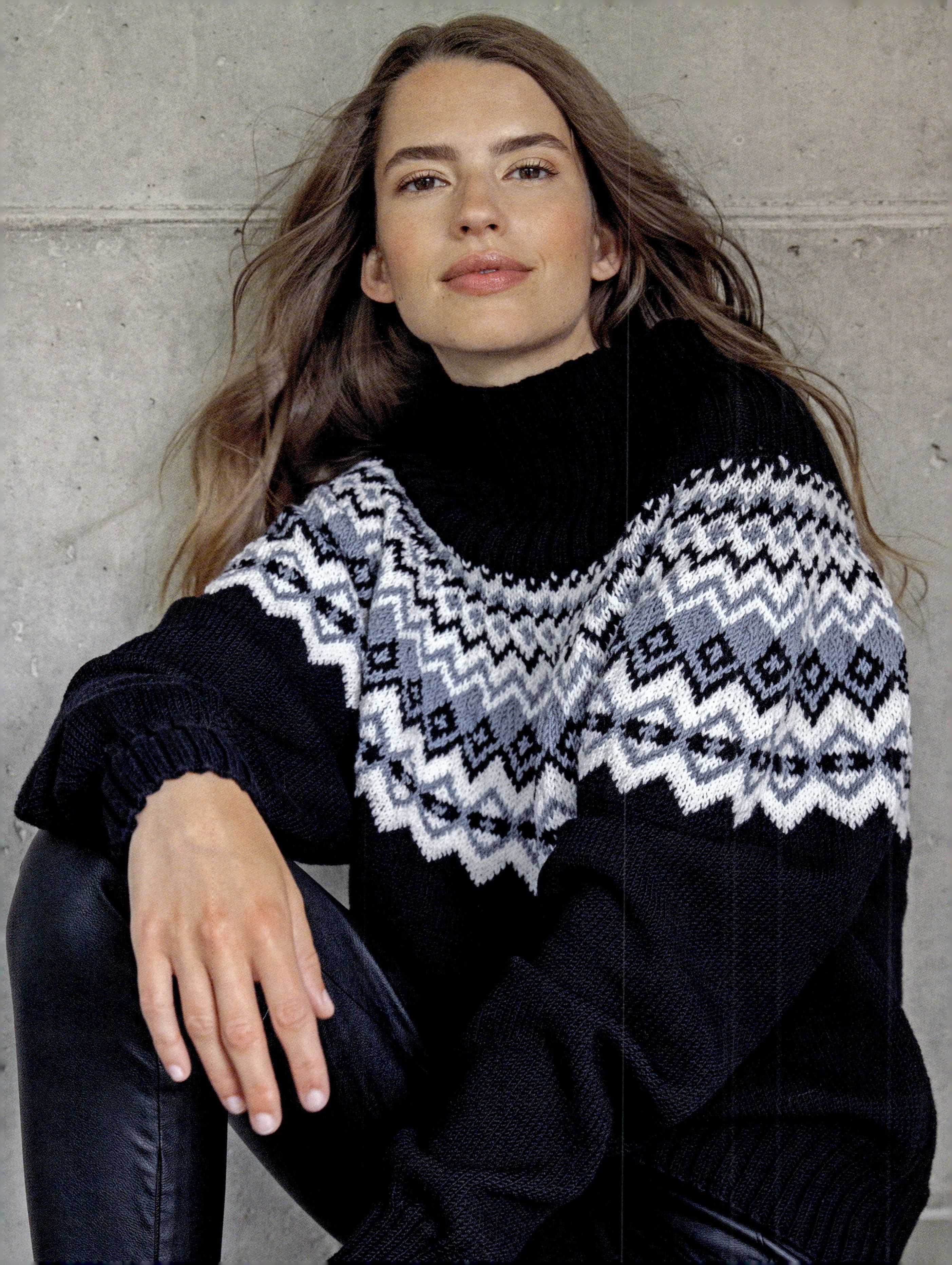

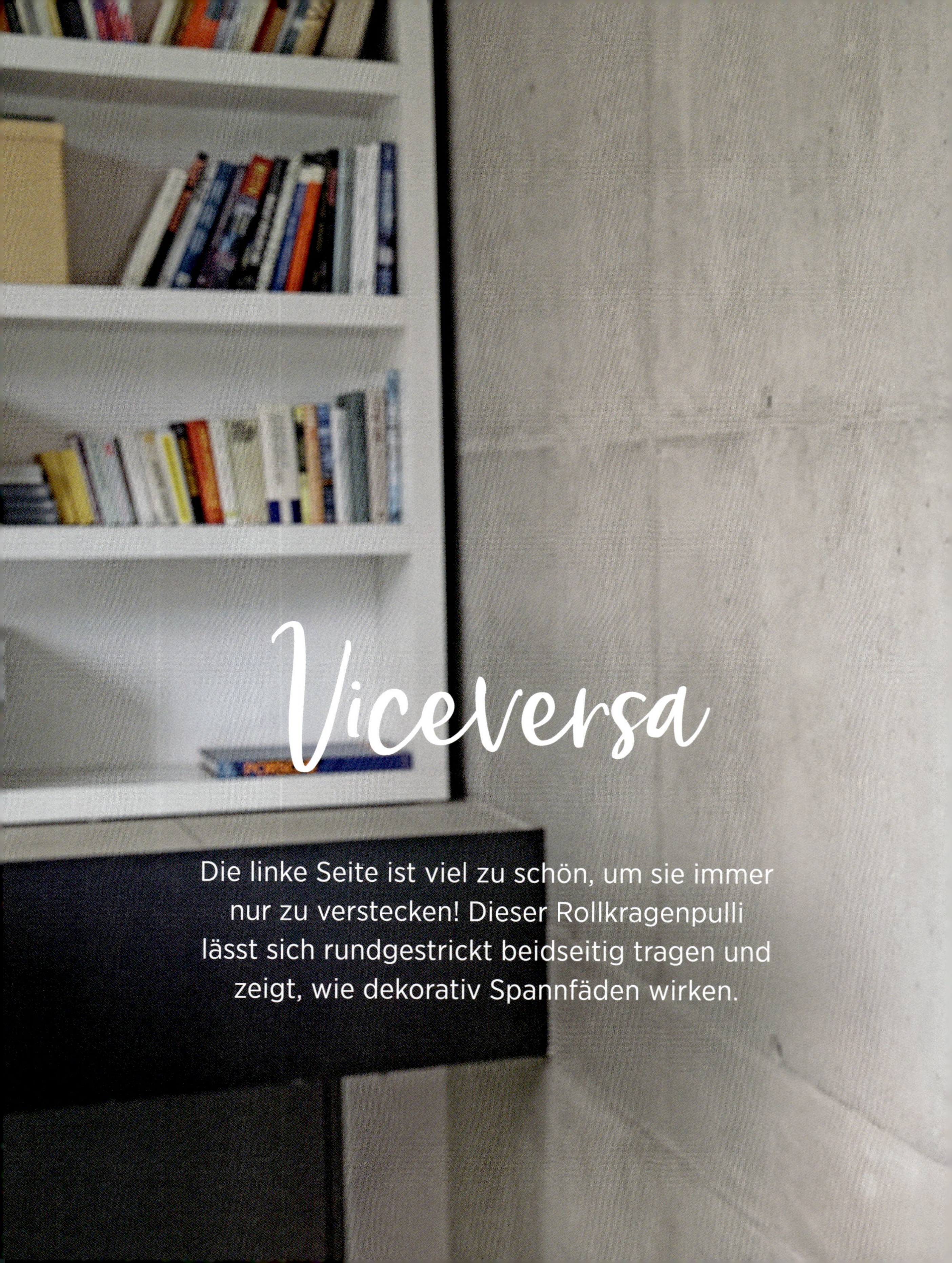

Viceversa

Die linke Seite ist viel zu schön, um sie immer nur zu verstecken! Dieser Rollkragenpulli lässt sich rundgestrickt beidseitig tragen und zeigt, wie dekorativ Spannfäden wirken.

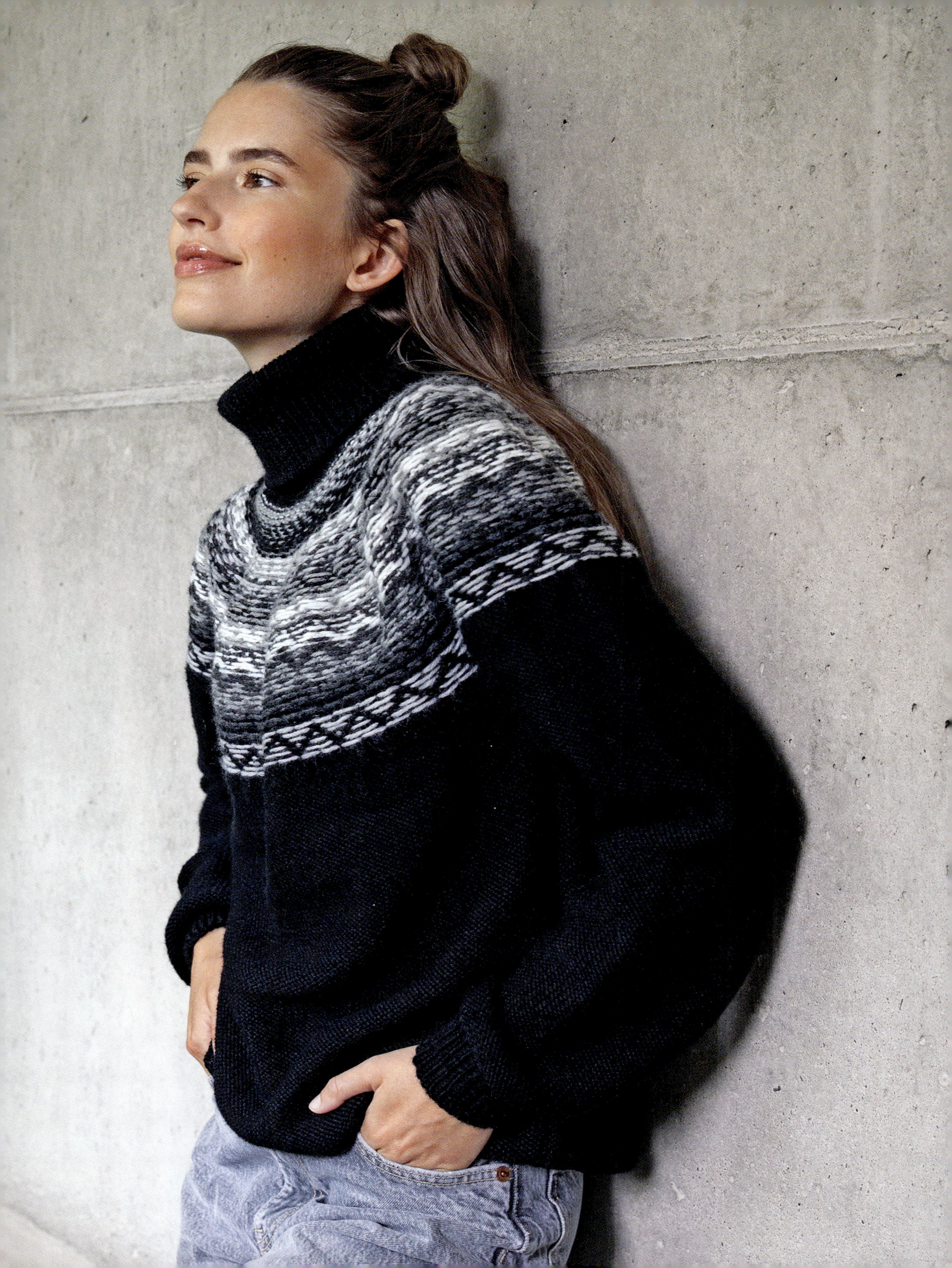

Viceversa

Schwierigkeit:

GRÖSSE

36/38, 40/42 und 44/46
Die Angaben für die kleinste Größe stehen vor der Klammer, die für die beiden größeren Größen aufsteigend und von einem / getrennt in den Klammern. Wird nur eine Angabe gemacht, gilt diese für alle Größen.

MATERIAL

Alpina (80 % Schurwolle, 20 % Polyamid, LL = 210 m/100 g) von Lana Grossa: 700 (750/800) g Schwarz (Fb 9), je 100 (150/150) g Anthrazit (Fb 6), Grau meliert (Fb 5), Hellgrau meliert (Fb 4) und Weiß (Fb 11), Stricknadeln 3,5 mm, 4 mm und 4,5 mm, verschieden lange Rundstricknadeln 4 mm und 4,5 mm.

MUSTER

Rippenmuster
Ungerade Maschenzahl.
1. Reihe (Rückreihe): Randm, * 1 M links, 1 M rechts, ab * stets wiederholen, 1 M links, Randm. 2. Reihe (Hinreihe): Alle M stricken, wie sie erscheinen.
Die 1. und 2. Reihe stets wiederholen.

Glatt rechts
In Hinreihen rechte M, in Rückreihen linke M stricken; in Runden immer rechte M stricken.

Jacquardmuster
Maschenzahl teilbar durch 8.
Nach dem Zählmuster glatt rechts arbeiten.
Es ist jede Runde gezeichnet.
1x die 1.–50. Runde arbeiten.

MASCHENPROBEN

Glatt rechts, mit Nadeln 4 mm:
21,5 Maschen und 29 Reihen = 10 cm x 10 cm.
Jacquardmuster, mit Nadeln 4,5 mm:
23 Maschen und 23 Runden = 10 cm x 10 cm.

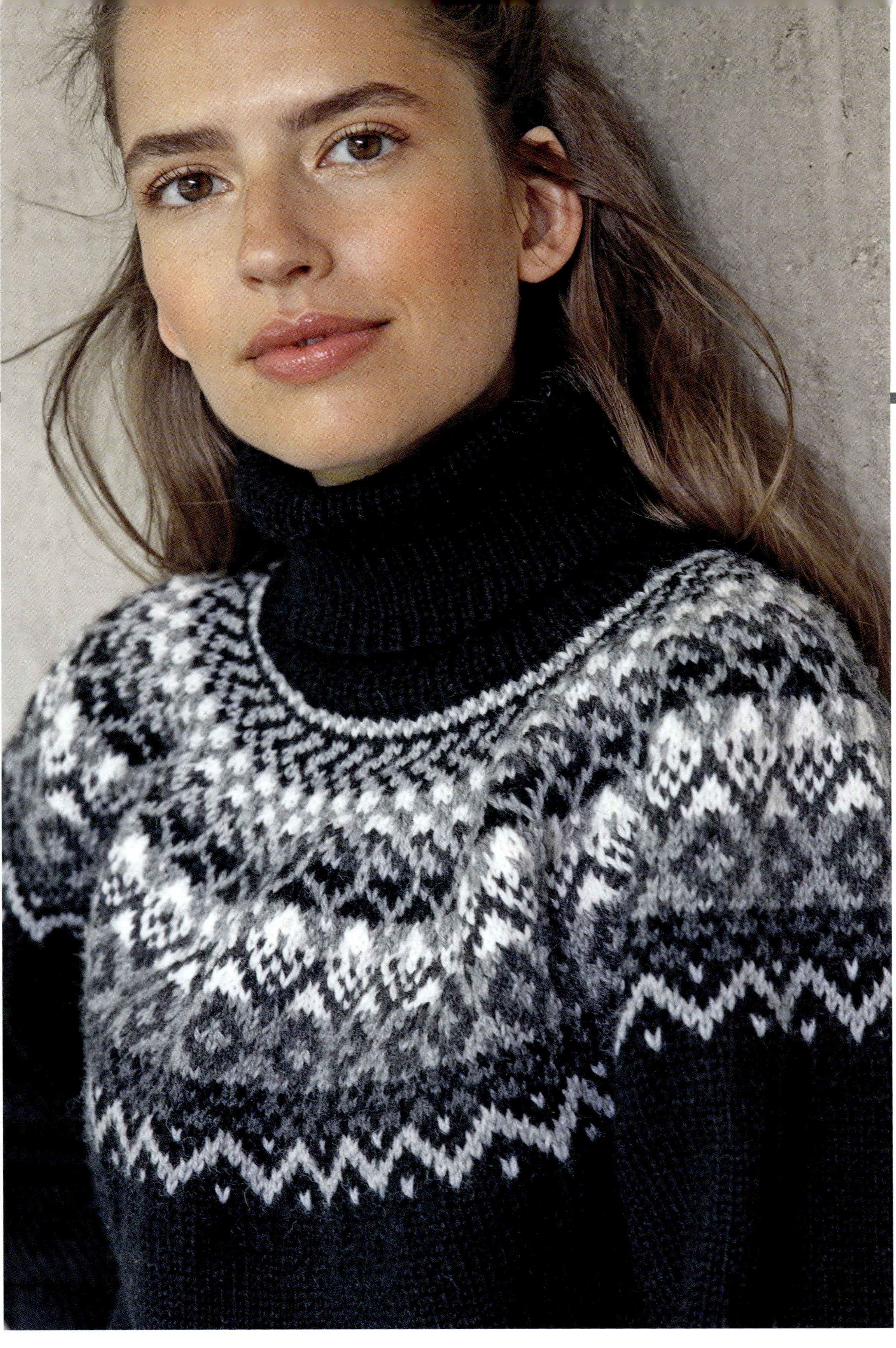

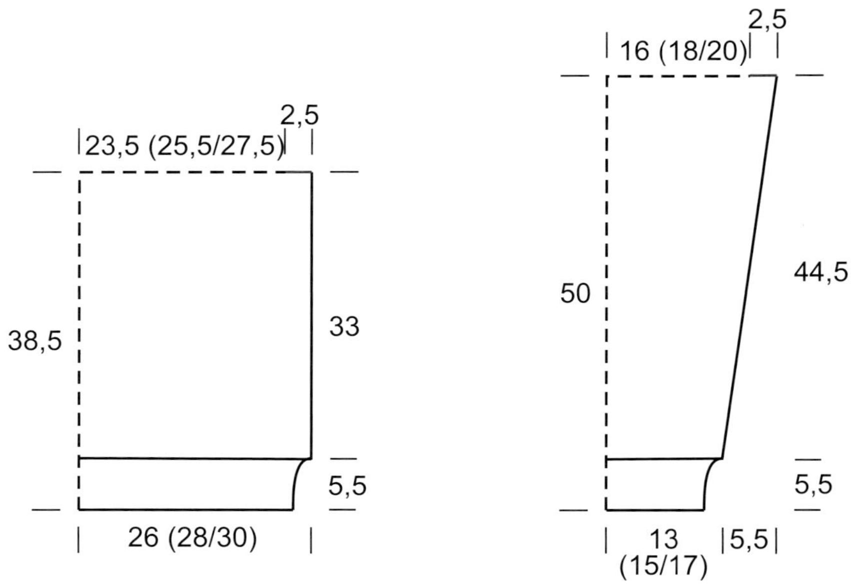

Die rote Linie markiert die Unterarmnaht.

SO WIRD'S GEMACHT

Rückenteil: 108 (116/124) M mit Nadeln 3,5 mm in Schwarz anschlagen und für den Bund 5,5 cm = 17 Reihen im Rippenmuster stricken, dabei mit 1 Rückreihe beginnen. Dann mit Nadeln 4 mm glatt rechts weiterarbeiten, dabei in der 1. Reihe gleichmäßig verteilt 6 M zunehmen = 114 (122/130) Maschen. In 38,5 cm Gesamthöhe für die Armausschnitte beidseitig 1x 5 M abketten = 104 (112/120) Maschen. Dann die M stilllegen.

Vorderteil: Wie das Rückenteil stricken.

Ärmel: 48 (56/64) M mit Nadeln 3,5 mm in Schwarz anschlagen und für den Bund 5,5 cm = 17 Reihen im Rippenmuster stricken, dabei mit 1 Rückreihe beginnen. Dann mit Nadeln 4 mm glatt rechts weiterarbeiten, dabei in der 1. Reihe gleichmäßig verteilt 10 M zunehmen = 58 (66/74) Maschen. Für die Ärmelschrägen beidseitig in der 11. Reihe ab Bund 1x 1 M und 11x in jeder 10. Reihe je 1 M zunehmen = 82 (90/98) Maschen. In 50 cm Gesamthöhe für die Armausschnitte beidseitig 1x 5 M abketten = 72 (80/88) Maschen. Dann alle M stilllegen. Den **2. Ärmel** ebenso arbeiten.

Passe: Nun die M aller Teile zusammen auf eine Rundstricknadel 4,5 mm nehmen: 72 (80/88) M linker Ärmel, 104 (112/120) M Vorderteil, 72 (80/88) M rechter Ärmel, 104 (112/120) M Rückenteil = 352 (384/416) Maschen. 6 (12/18) Runden glatt rechts in Schwarz stricken, dann die 50 Runden des Jacquardmusters arbeiten = 132 (144/156) Maschen. Nun für den Bund mit Rundstricknadel 3,5 mm noch 20 cm = 56 Runden im Rippenmuster in Schwarz stricken, dabei in der 1. Runde gleichmäßig verteilt

Zeichenerklärung

- ☐ = Weiß
- ▨ = Hellgrau meliert
- ▣ = Grau meliert
- ▨ = Anthrazit
- ■ = Schwarz
- ⧅ = 2 Maschen rechts überzogen zusammenstricken (= 1 Masche wie zum Rechtsstricken abheben, 1 Masche rechts stricken, dann die abgehobene Masche überziehen)

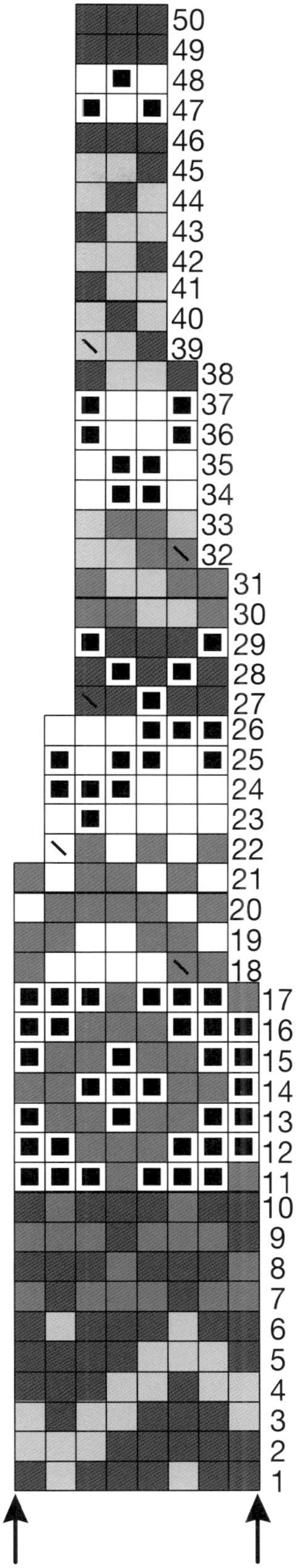

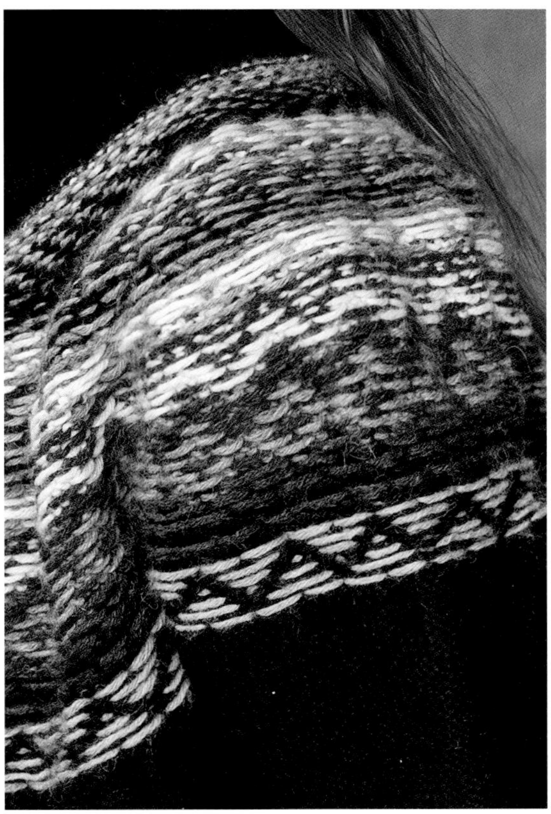

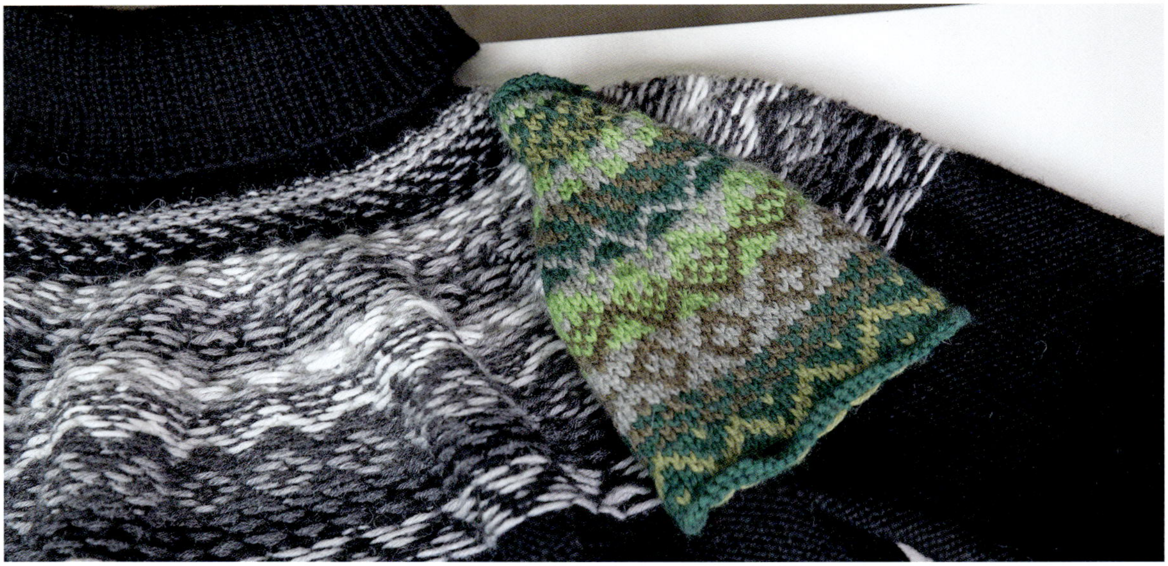

Die Farbwahl prägt die Wirkung: Norwegermuster faszinieren auch deshalb so sehr, weil sie ganz unterschiedlich wirken, je nachdem für welche Farben Sie sich entscheiden.

10 (16/22) M abnehmen = 122 (128/134) Maschen. Dann die M abketten, wie sie erscheinen.

FERTIGSTELLUNG

Die Ärmel- und Seitennähte schließen, dabei die Nähte auf die rechte Seite legen und den Pulli wenden, sodass die Rückseite außen ist.

HINWEIS

Für einen von beiden Seiten tragbaren Pullover das Vorder- und Rückenteil und die Ärmel jeweils in Runden stricken, dafür die Randm von der benötigten Maschenzahl abziehen und die Fäden möglichst unsichtbar vernähen.

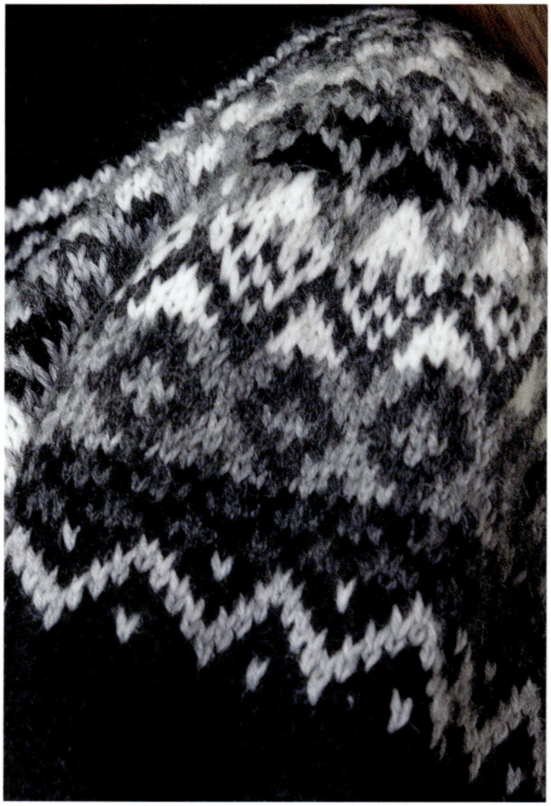

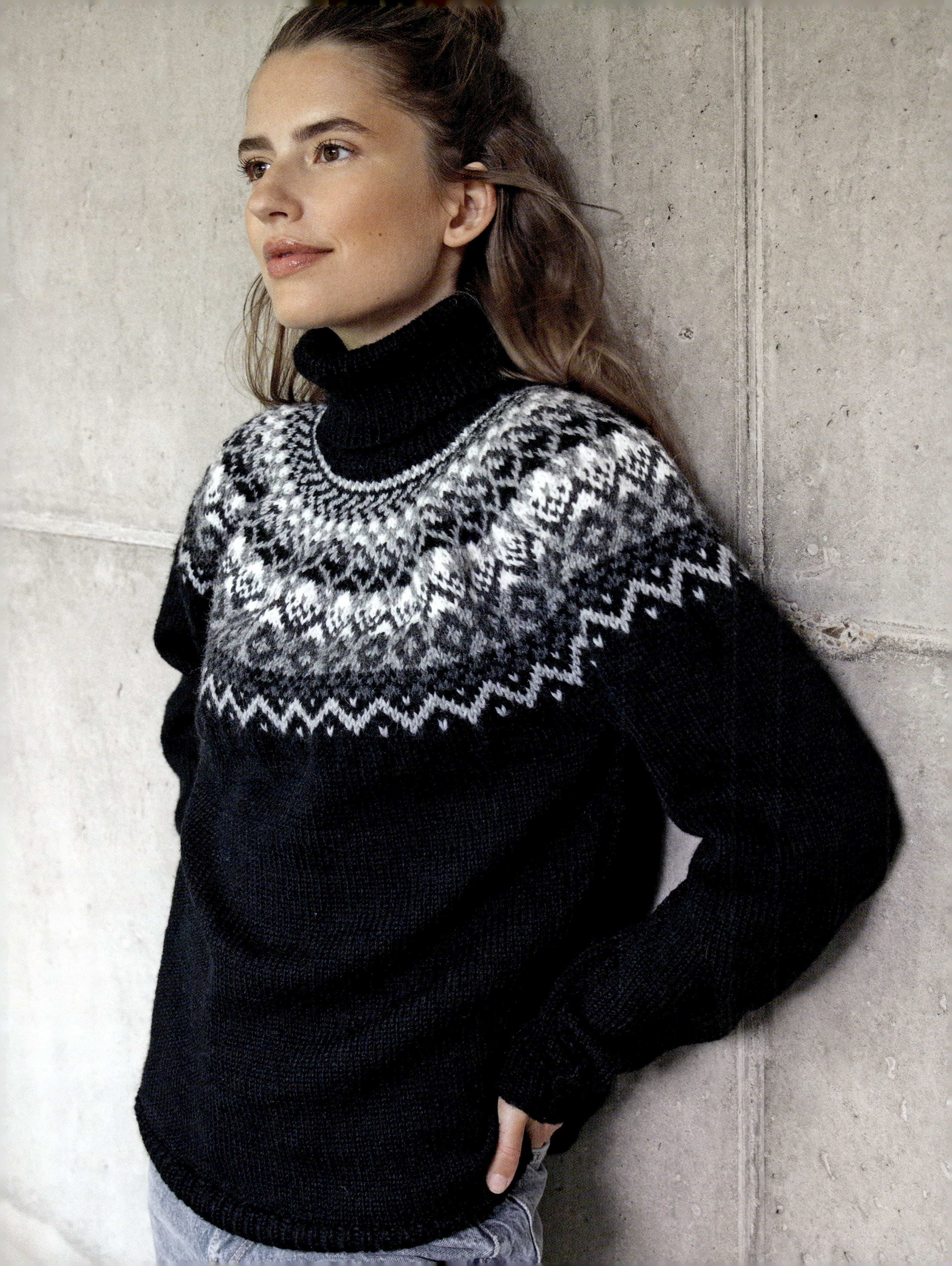

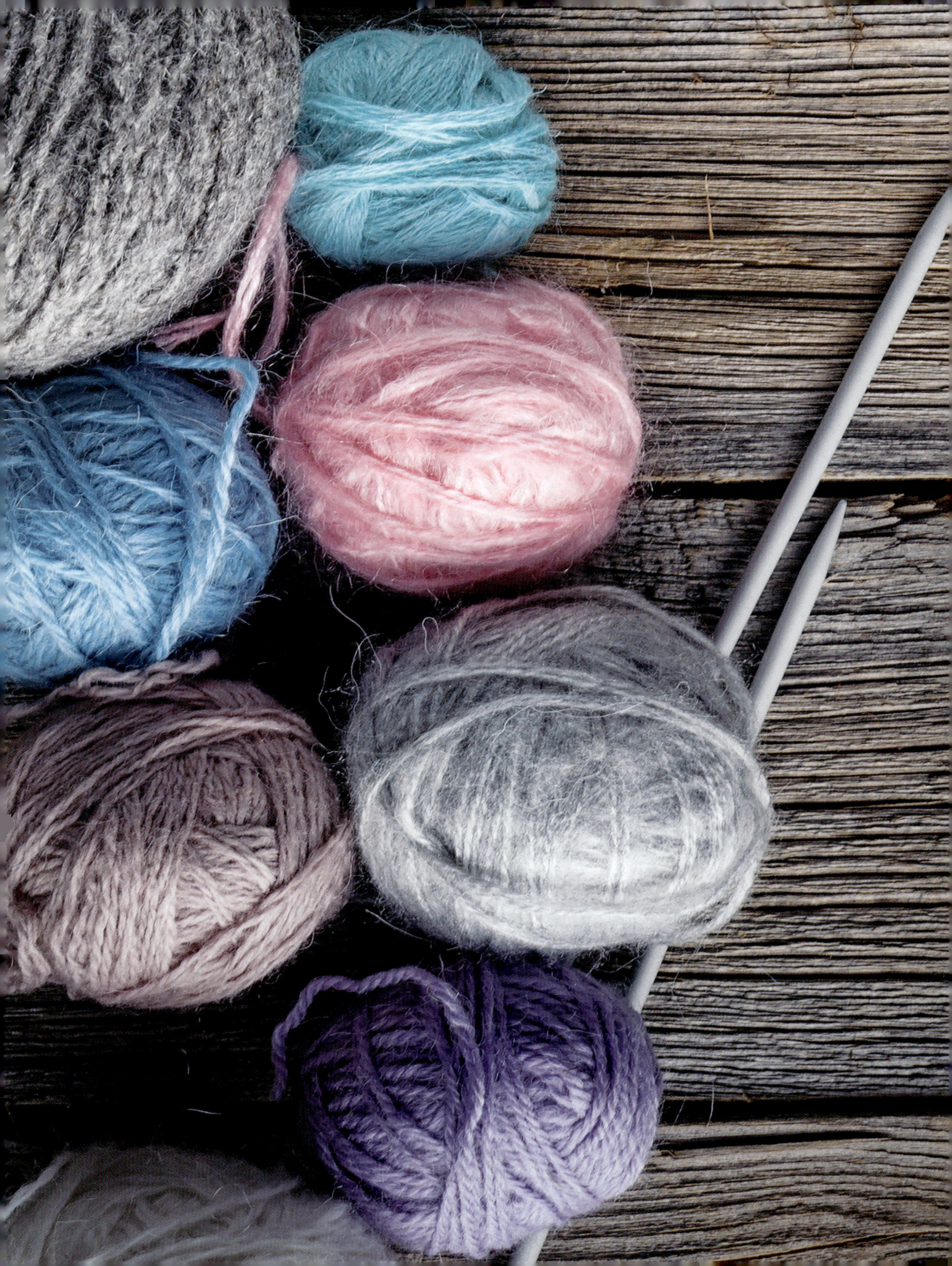

Effektvolle Garne

Die klassischen Norweger sind aus Schurwolle, doch auch Flausch, Grobstrick-Garne und Edelfasern vertragen sich fantastisch mit den traditionellen Mustern und geben Norwegerpullis einen modernen Touch!

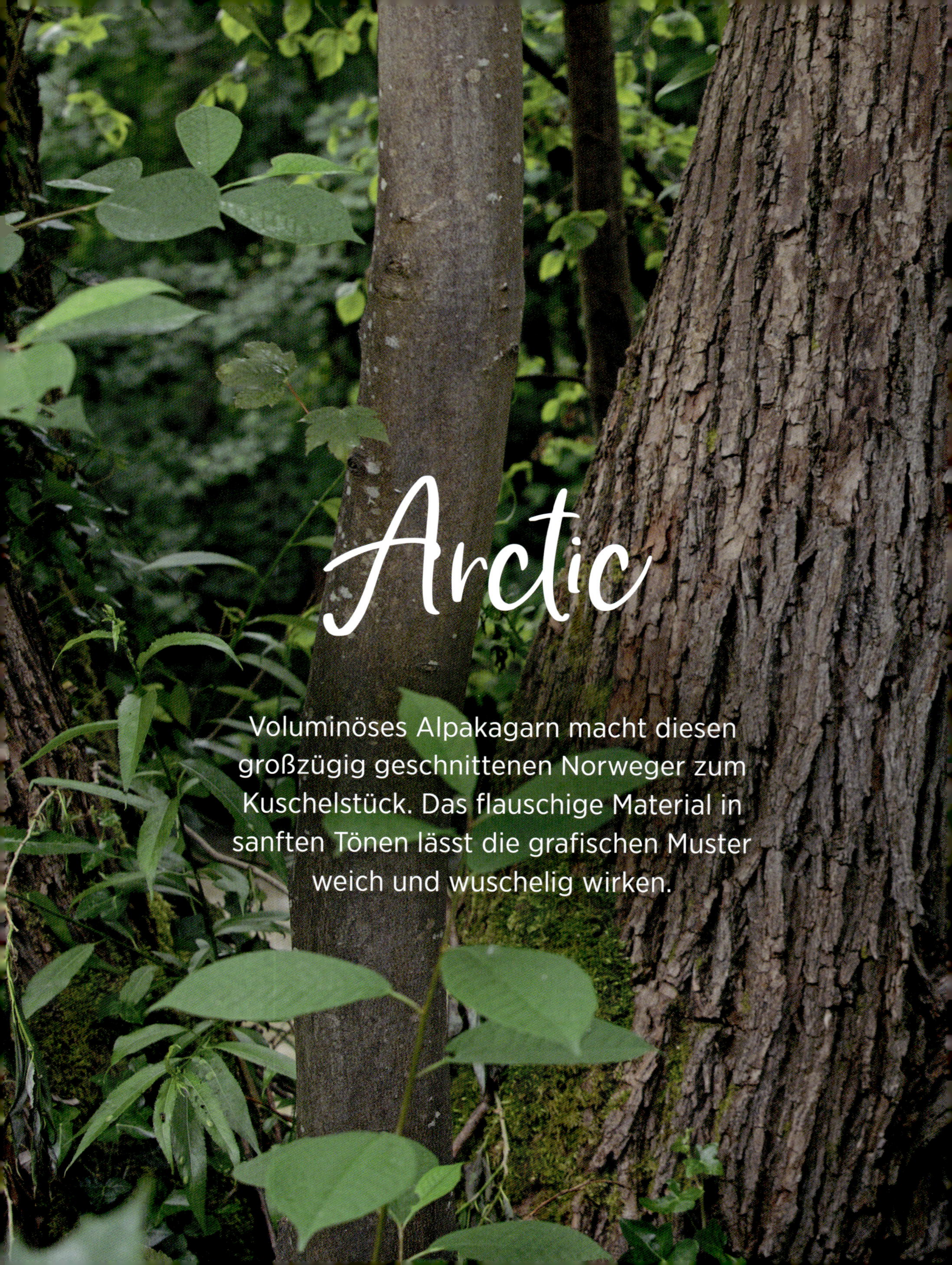

Arctic

Voluminöses Alpakagarn macht diesen großzügig geschnittenen Norweger zum Kuschelstück. Das flauschige Material in sanften Tönen lässt die grafischen Muster weich und wuschelig wirken.

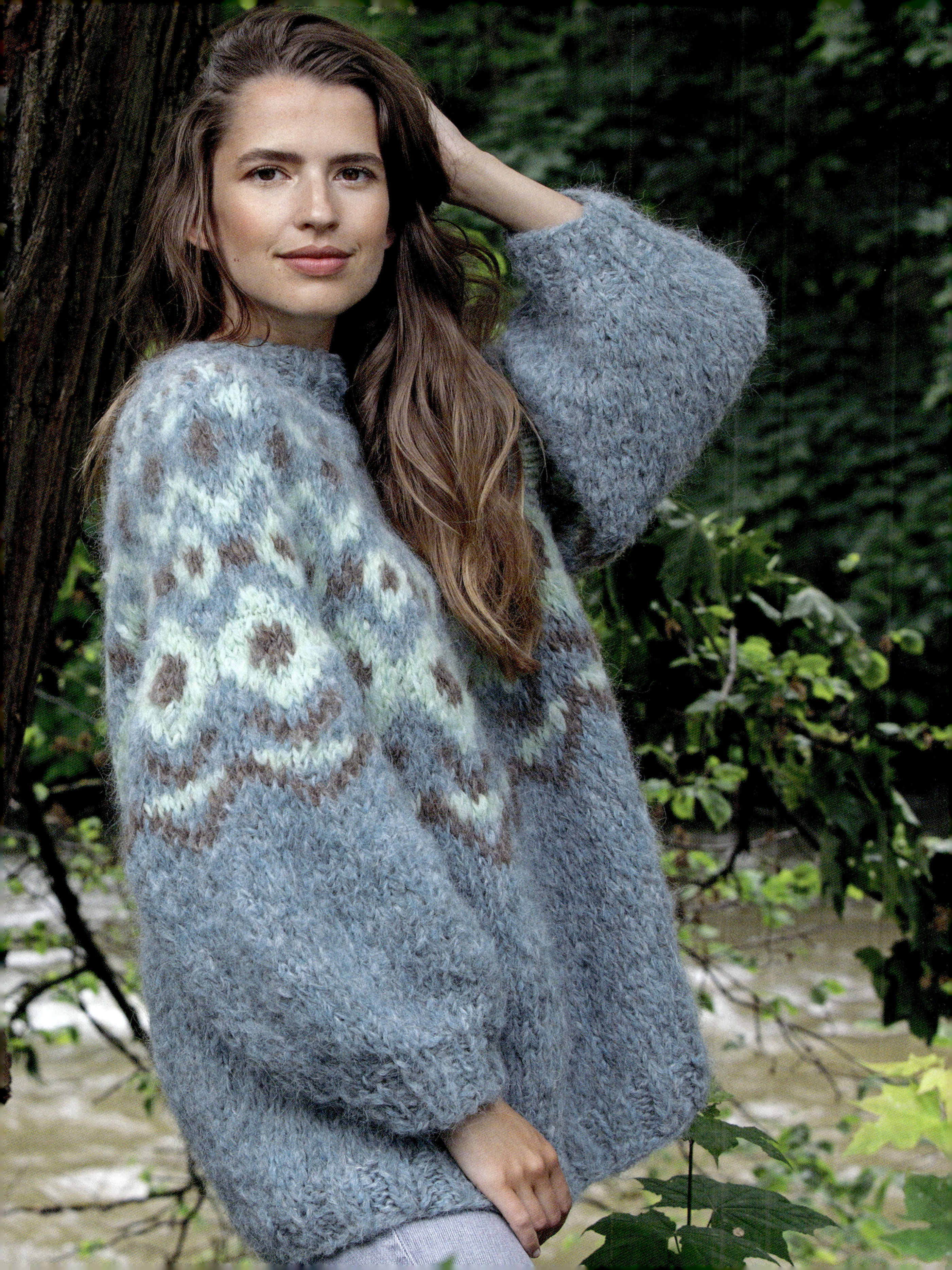

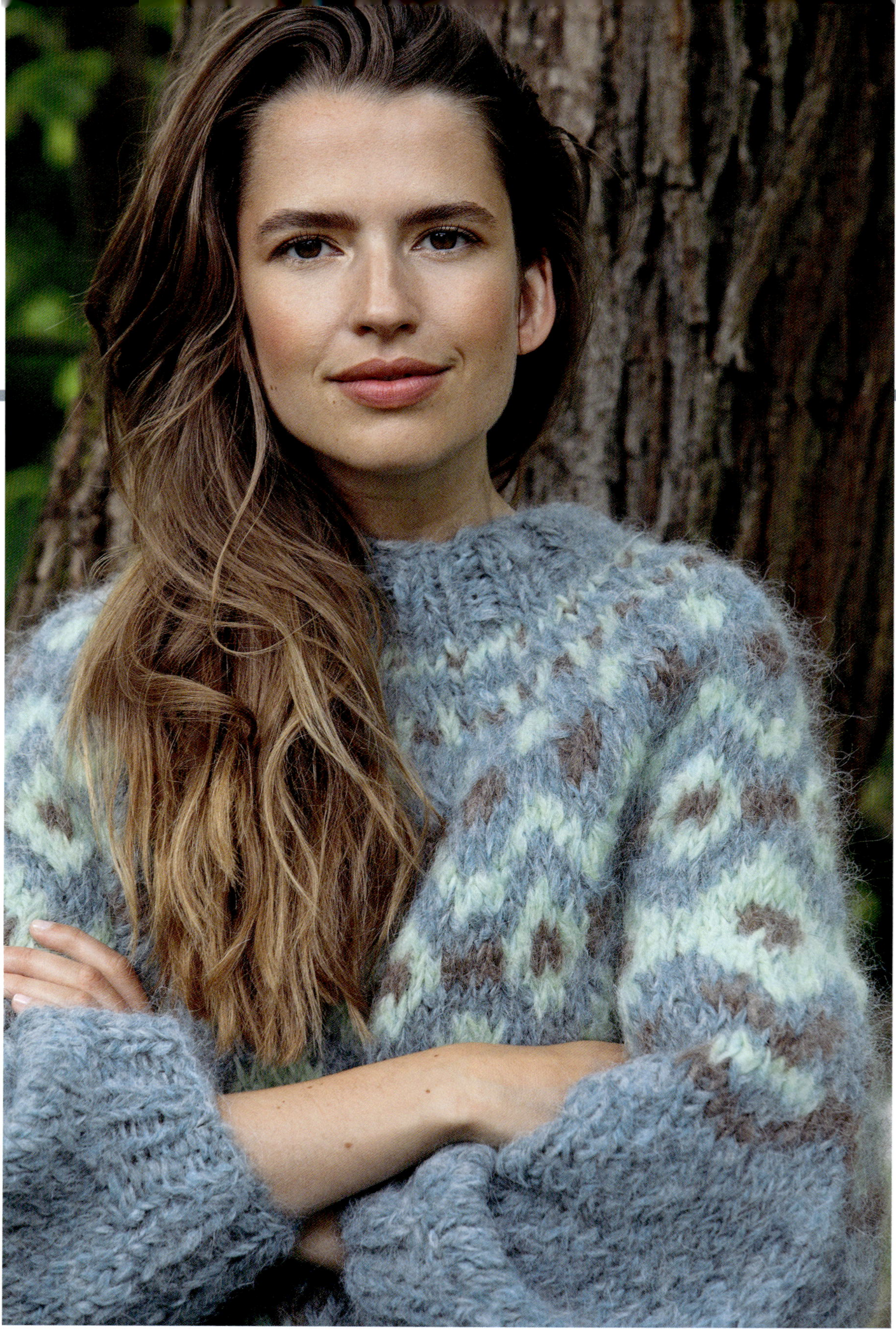

Arctic

Schwierigkeit:

GRÖßE
38/40, 42/44 und 46/48
Die Angaben für die kleinste Größe stehen vor der Klammer, die für die beiden größeren Größen aufsteigend und von einem / getrennt in den Klammern. Wird nur eine Angabe gemacht, gilt diese für alle Größen.

MATERIAL
Lala Berlin Fury (90 % Alpaka, 10 % Polyamid, LL =75 m/50 g) von Lana Grossa: 450 (500/550) g Taupe (Fb 20) und je 150 (200/250) g Graublau (Fb 14) und Pastellgrün (Fb 23); verschieden lange Rundstricknadeln 8 mm, 9 mm und 10 mm und ein Nadelspiel 8 mm, 9 mm und 10 mm.

MUSTER
Rippenmuster
Maschenzahl teilbar durch 2. * 1 M links, 1 M rechts, ab * stets wiederholen.

Glatt rechts
In Runden immer rechte M stricken.

Jacquardmuster
Maschenzahl teilbar durch 10.
Nach dem Zählmuster glatt rechts arbeiten.
Es ist jede Runde gezeichnet.
1x die 1.–50. Runde arbeiten.

MASCHENPROBEN
Glatt rechts, mit Nadeln 9 mm:
10 Maschen und 13 Reihen/Runden = 10 cm x 10 cm.
Jacquardmuster, mit Nadeln 10 mm:
11 Maschen und 13 Reihen/Runden = 10 cm x 10 cm.

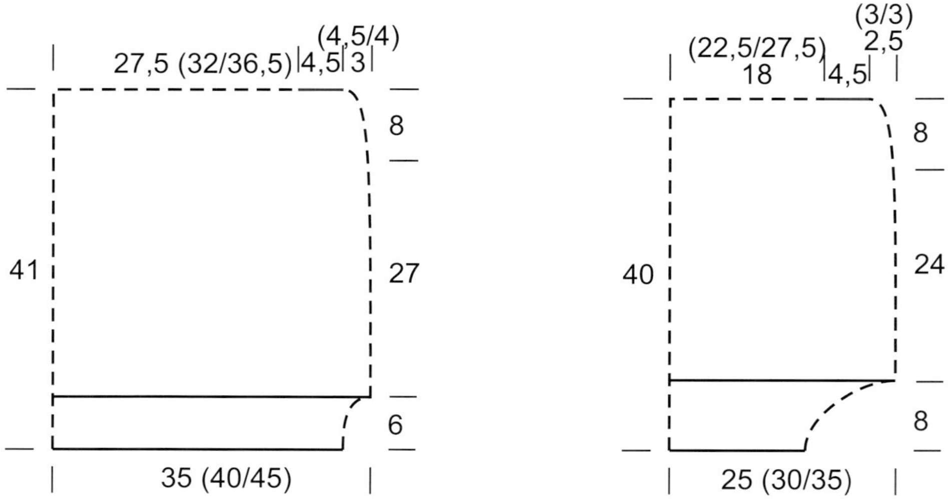

Die rote Linie markiert die Unterarmnaht.

SO WIRD'S GEMACHT

Das Vorder- und Rückenteil bis zum Beginn der Passe in einem Stück in Runden stricken: 128 (148/168) M mit Nadel 8 mm in Graublau anschlagen, zur Runde schließen und für den Bund 6 cm = 7 Runden im Rippenmuster stricken. Die Seitenlinien markieren, also den Rundenanfang und die Hälfte der M = 64 (74/84) Maschen pro Vorder- und Rückenteil. Dann mit Nadel 9 mm glatt rechts weiterarbeiten, dabei in der 1. Runde gleichmäßig verteilt 12 M zunehmen = 140 (160/180) Maschen und 70 (80/90) Maschen pro Vorder- und Rückenteil. In 27 cm Gesamthöhe mit Nadel 10 mm im Jacquardmuster weiterarbeiten. In 41 cm Gesamthöhe in der 18. Rd des Jacquardmusters jeweils die ersten und die letzten 5 M beider Teile abketten = 60 (70/80) M pro Vorder- und Rückenteil. Dann alle M stilllegen.

Den Ärmel bis zum Beginn der Passe in einem Stück in Runden stricken: 26 (30/36) M mit Nadel 8 mm in Graublau anschlagen und für den Bund 8 cm = 9 Runden im Rippenmuster stricken. Die Unterarmlinie markieren = Rundenanfang. Dann mit Nadel 9 mm glatt rechts weiterarbeiten, dabei in der 1. Runde gleichmäßig verteilt 24 (30/34) M zunehmen = 50 (60/70) Maschen. In 32 cm Gesamthöhe mit Nadel 10 mm im Jacquardmuster weiterarbeiten. In 40 cm Gesamthöhe in der 18. Rd des Jacquardmusters an beiden Seiten je 5 M abketten = 40 (50/60) Maschen. Den **2. Ärmel** ebenso arbeiten.

Nun für die **Passe** die M aller Teile zusammen auf eine Rundstricknadel 10 mm nehmen: 40 (50/60) M linker Ärmel, 60 (70/80) M Vorderteil, 40 (50/60) M rechter Ärmel, 60 (70/80) M Rückenteil

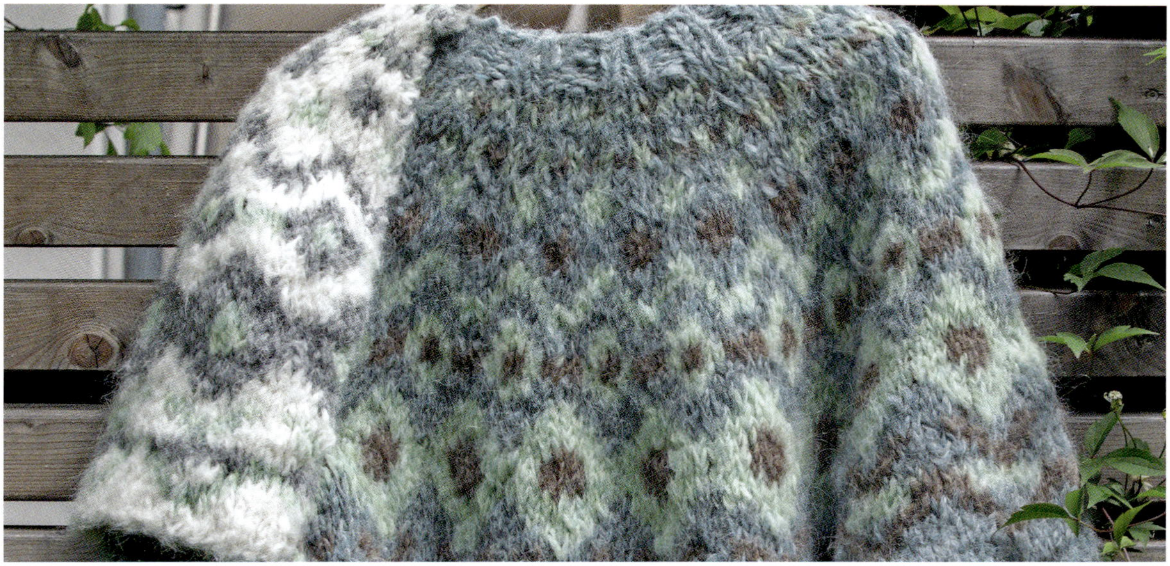

Farbfaszination: Spielen Sie ruhig einmal mit Farben und Kcntrasten.
Sie werden staunen, wie stark sich der Charakter des Norwegermusters dadurch verändern lässt!

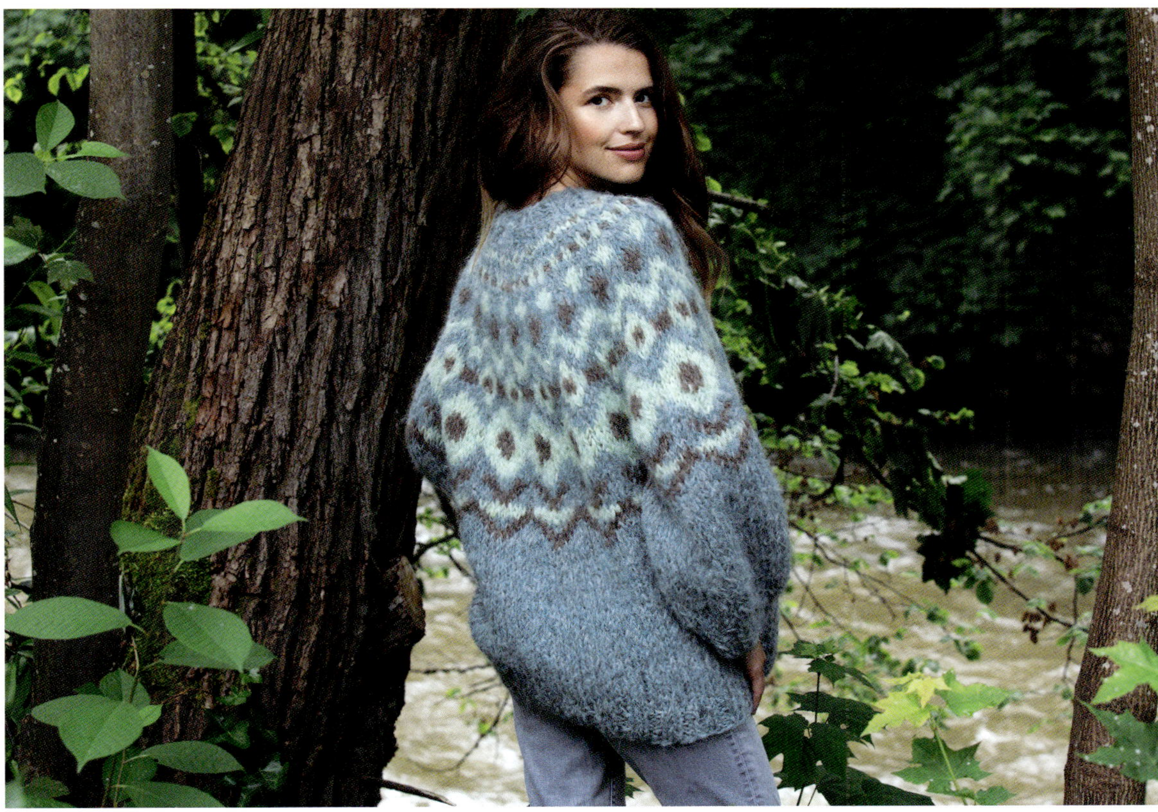

Zeichenerklärung

- = Pastellgrün
- = Graublau
- = Taupe
- = 2 Maschen rechts überzogen zusammenstricken (= 1 Masche wie zum Rechtsstricken abheben, 1 Masche rechts stricken, dann die abgehobene Masche überziehen)

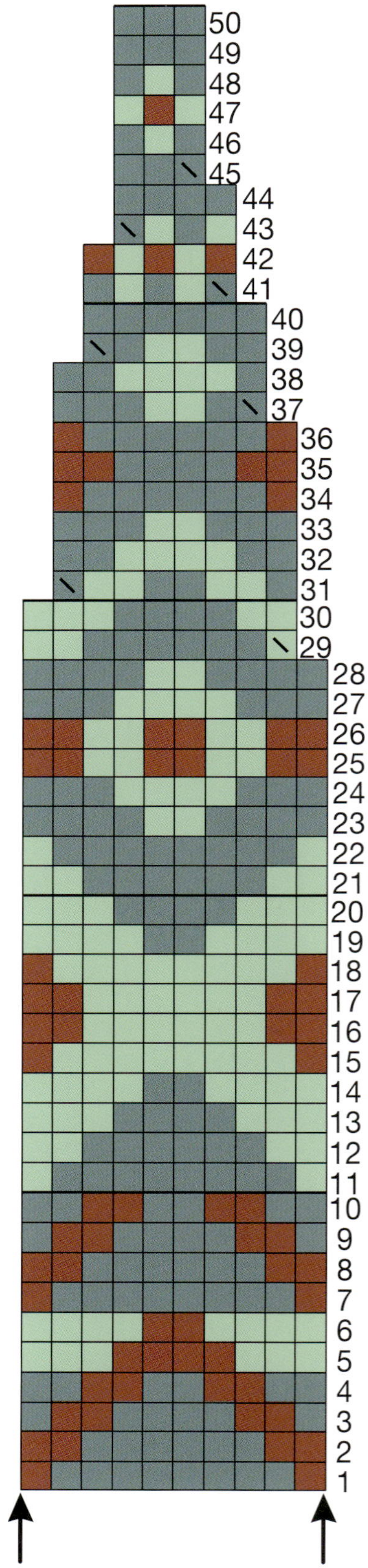

= 200 (240/280) Maschen. Das Jacquardmuster fortsetzen = 60 (72/84) Maschen. Dann für den Bund noch 8 cm = 9 Runden im Rippenmuster in Graublau stricken, dabei in der 1. Runde gleichmäßig verteilt 10 (14/18) M abnehmen = 50 (58/66) Maschen. Dann die M abketten, wie sie erscheinen.

FERTIGSTELLUNG

Die Unterarmnähte schließen.

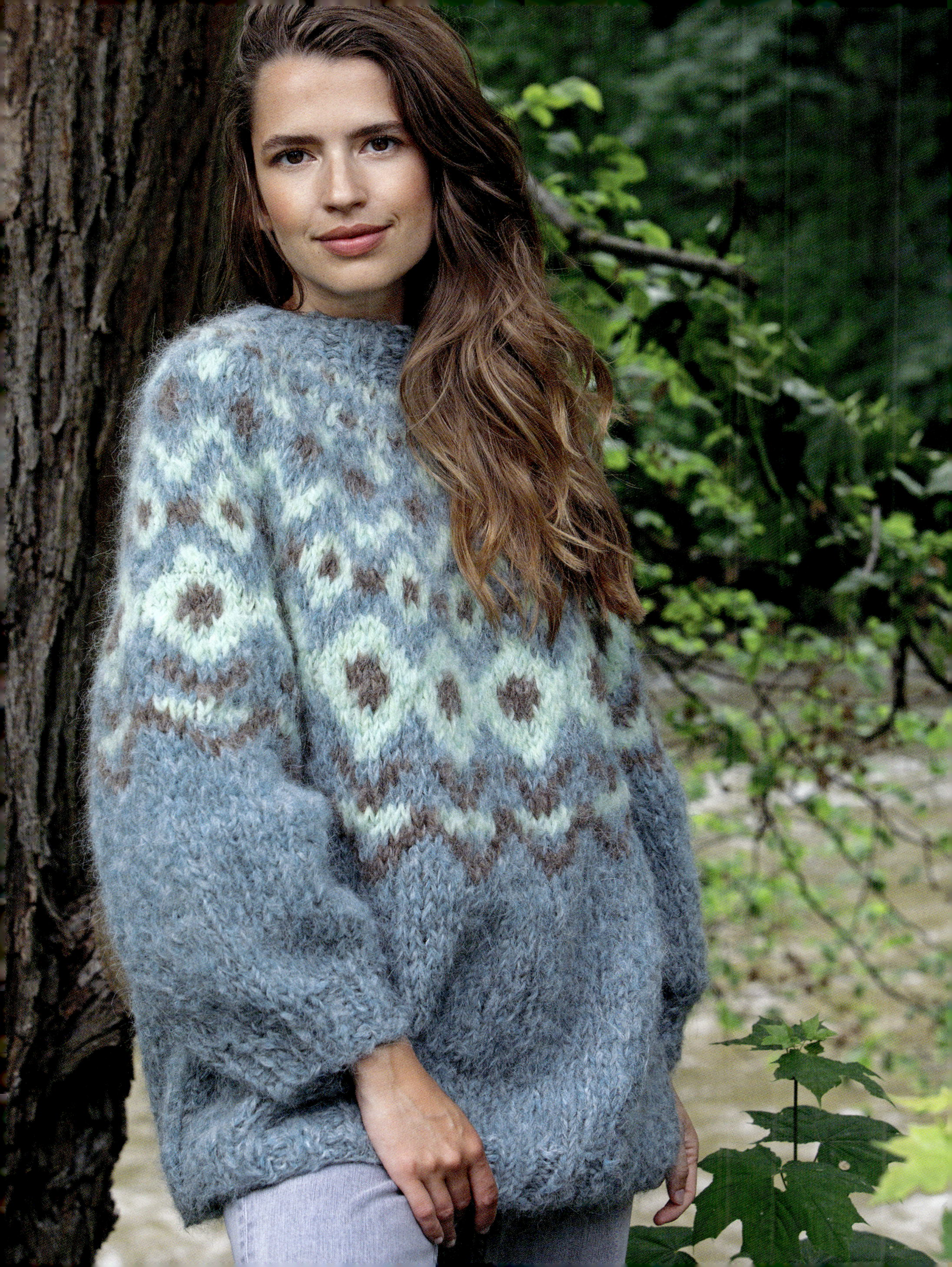

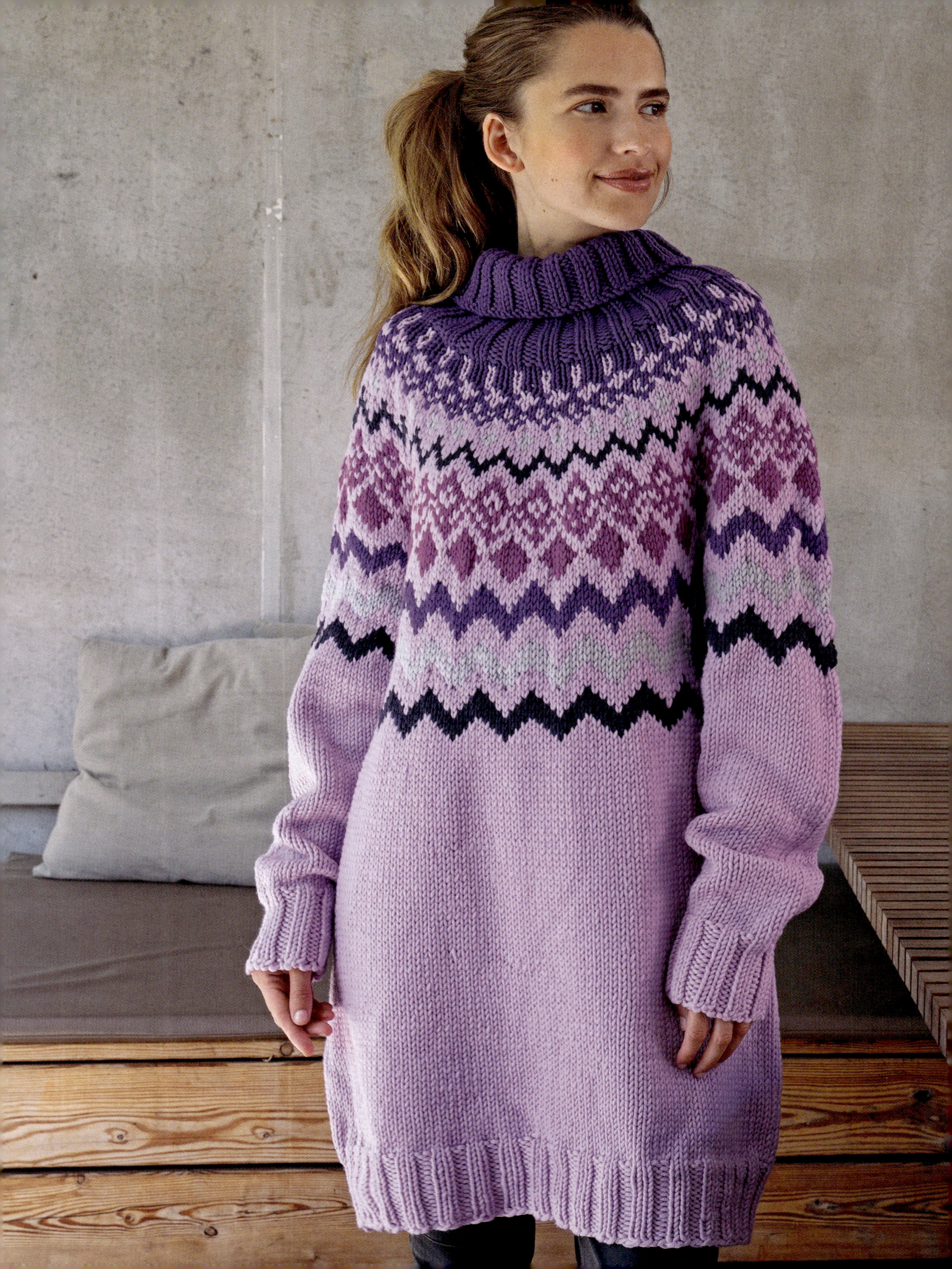

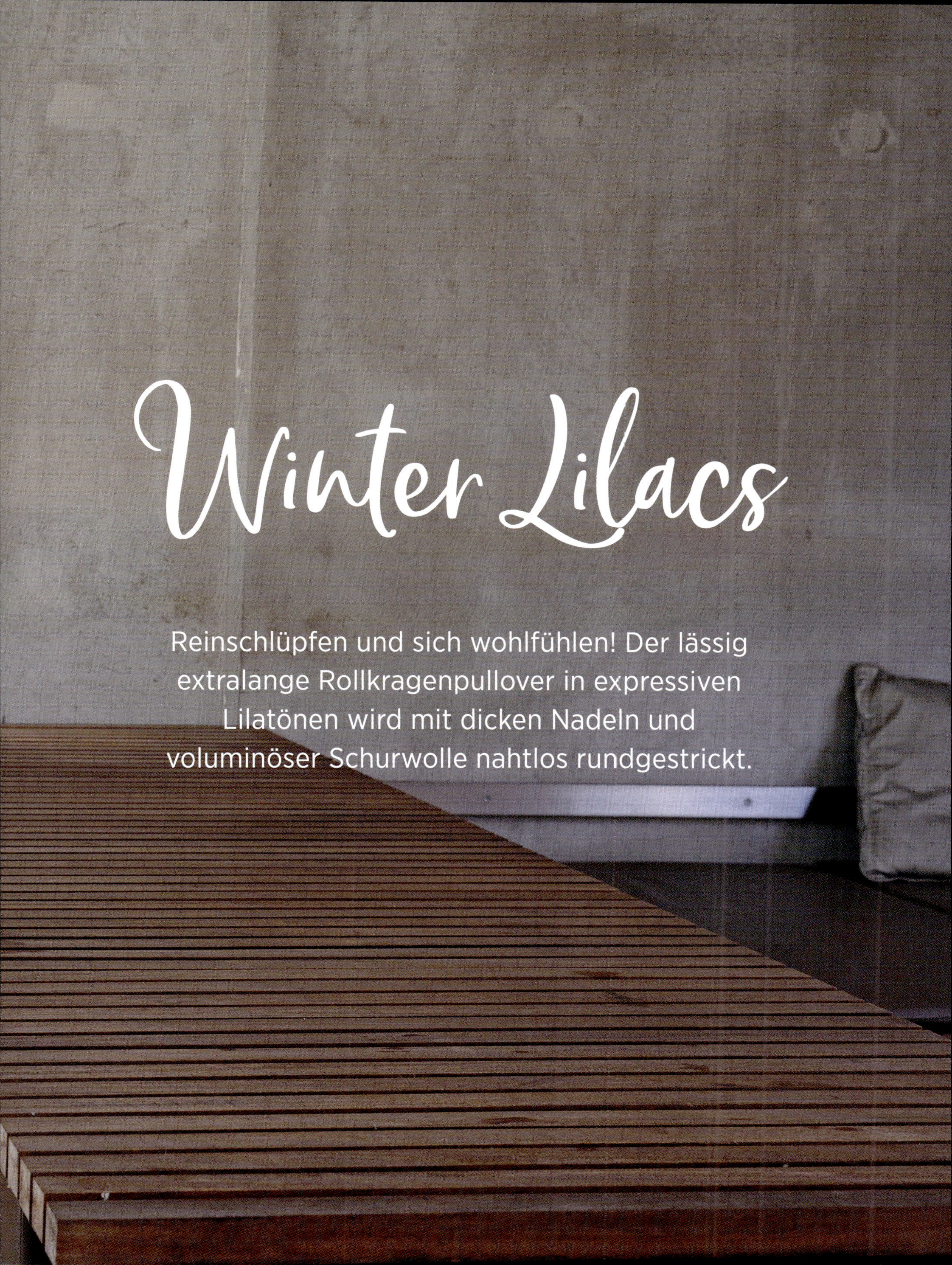

Winter Lilacs

Reinschlüpfen und sich wohlfühlen! Der lässig extralange Rollkragenpullover in expressiven Lilatönen wird mit dicken Nadeln und voluminöser Schurwolle nahtlos rundgestrickt.

Winter Lilacs

Schwierigkeit: 2 von 3

GRÖẞE

36/38, 40/42 und 44/46
Die Angaben für die kleinste Größe stehen vor der Klammer, die für die beiden größeren Größen aufsteigend und von einem / getrennt in den Klammern. Wird nur eine Angabe gemacht, gilt diese für alle Größen.

MATERIAL

Merlana (100 % Schurwolle, LL = 55 m/50 g) von Schulana:
900 (950/1000) g Flieder (Fb 42),
200 (250/300) g Lavendel (Fb 51),
je 100 (150/200) g Mauve (Fb 55),
Hellgrau (Fb 50) und Taupe (Fb 19);
verschieden lange Rundstricknadeln 7 mm, 7,5 mm und 8 mm und ein Nadelspiel 7,5 mm und 8 mm.

MUSTER

Rippenmuster
Maschenzahl teilbar durch 4. * 2 M links, 2 M rechts, ab * stets wiederholen.

Glatt rechts
In Runden immer rechte M stricken.

Jacquardmuster
Maschenzahl teilbar durch 8.
Nach dem Zählmuster glatt rechts in Runden arbeiten. Es ist jede Runde gezeichnet. 1x die 1.–58. Runde arbeiten.

MASCHENPROBEN

Glatt rechts, mit Nadeln 7,5 mm:
14 Maschen und 16 Runden = 10 cm x 10 cm.
Jacquardmuster, mit Nadeln 8 mm:
14 Maschen und 16,5 Runden = 10 cm x 10 cm.

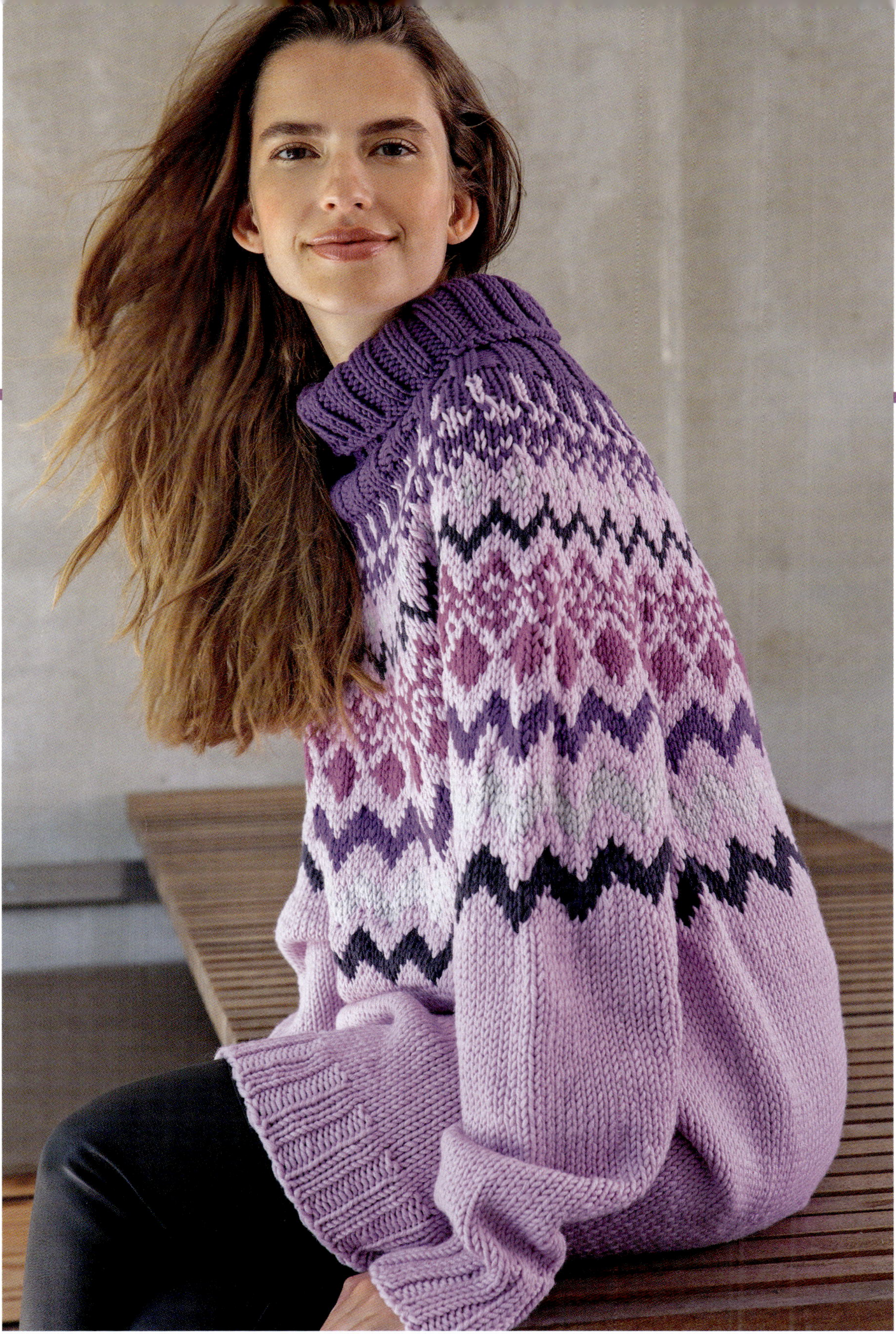

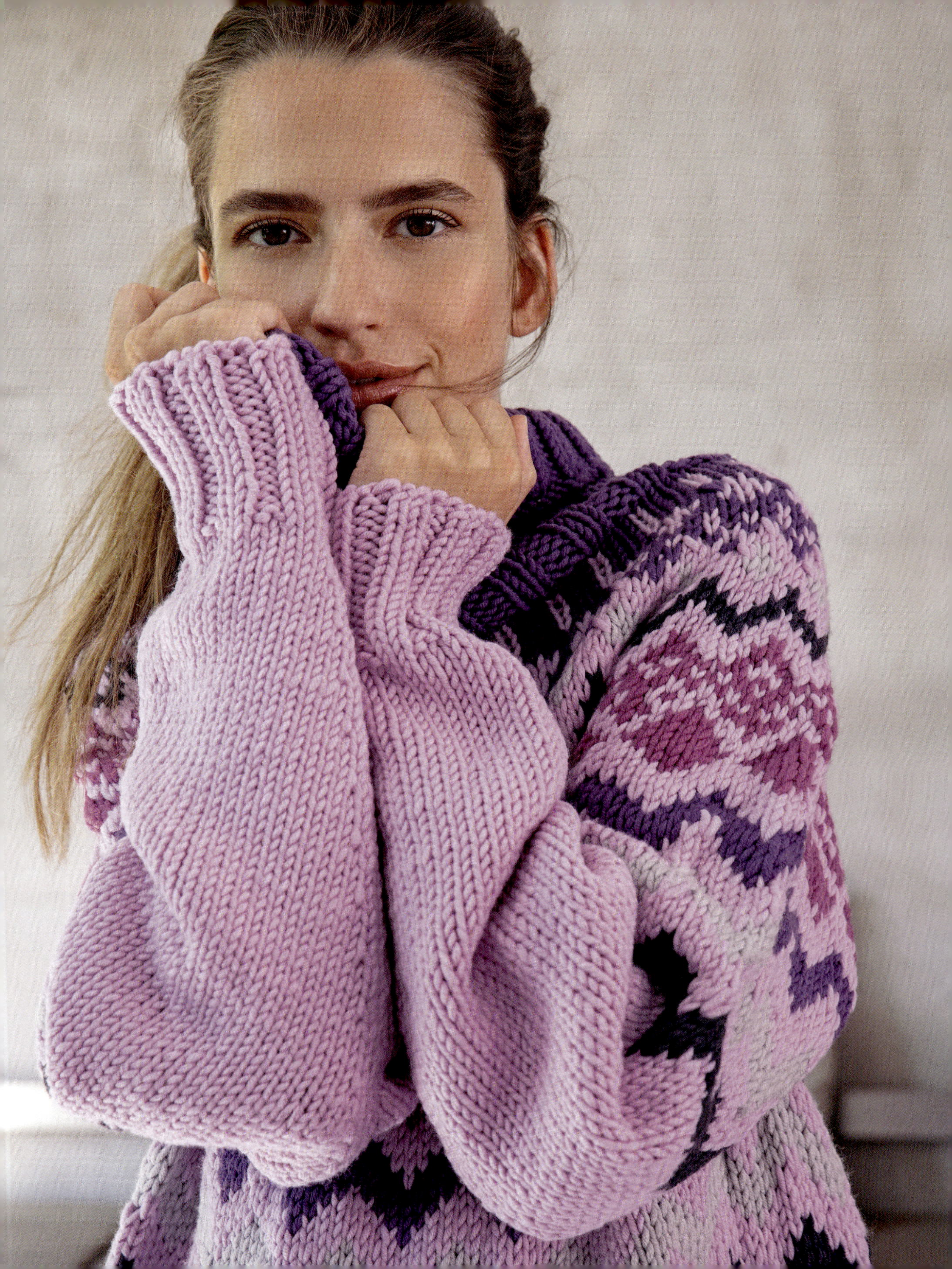

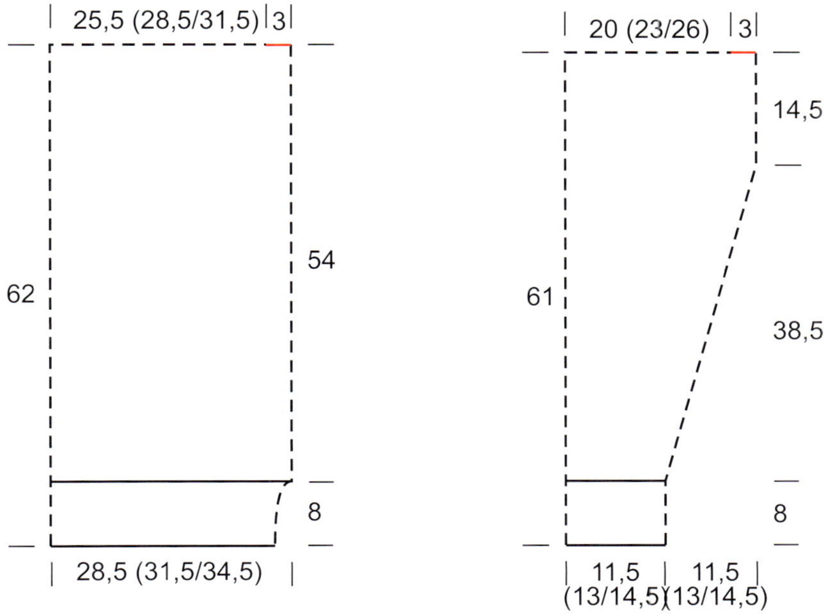

Die rote Linie markiert die Unterarmnaht.

SO WIRD'S GEMACHT

Das Vorder- und Rückenteil bis zum Beginn der Passe in einem Stück in Runden stricken: 152 (168/184) M mit Nadel 7 mm in Flieder anschlagen, zur Runde schließen und für den Bund 8 cm = 15 Runden im Rippenmuster stricken. Die Seitenlinien markieren, also den Rundenanfang und die Hälfte der M = 76 (84/92) Maschen pro Vorder- und Rückenteil. Dann mit Nadel 7,5 mm glatt rechts weiterarbeiten, dabei in der 1. Runde gleichmäßig verteilt 8 M zunehmen = 160 (176/192) Maschen insgesamt und 80 (88/96) Maschen pro Vorder- und Rückenteil. In 47,5 cm Gesamthöhe im Jacquardmuster mit Nadel 8 mm weiterarbeiten. In 62 cm Gesamthöhe in der 23. Runde des Jacquardmusters jeweils die ersten und die letzten 4 Maschen beider Teile abketten = 72 (80/88) M pro Vorder- und Rückenteil. Dann die M stilllegen.

Den Ärmel bis zum Beginn der Passe in einem Stück in Runden stricken:
32 (36/40) M mit Nadel 7 mm in Flieder anschlagen und für den Bund 8 cm = 15 Runden im Rippenmuster stricken. Die Unterarmlinie markieren = Rundenanfang. Dann mit Nadel 7,5 mm glatt rechts weiterarbeiten. Für die Ärmelschrägen 3 (7/11)x in jeder 2. Runde und 13 (11/9)x in jeder 4. Runde je 2 Maschen zunehmen, dafür nach der 1. M und vor der letzten M je 1 M aus dem Querfaden rechts verschränkt herausstricken = 64 (72/80) Maschen. In 46,5 cm Gesamthöhe im Jacquardmuster mit Nadel 8 mm weiterarbeiten. In 61 cm Gesamthöhe in der 23. Runde des Jacquardmusters die ersten und letzten 4 M abketten = 56 (64/72) Maschen.

Den **2. Ärmel** ebenso arbeiten.

Zeichenerklärung

- = Flieder
- = Mauve
- = Lavendel
- = Hellgrau
- = Taupe
- = 2 Maschen rechts überzogen zusammenstricken (= 1 Masche wie zum Rechtsstricken abheben, 1 Masche rechts stricken, dann die abgehobene Masche überziehen)

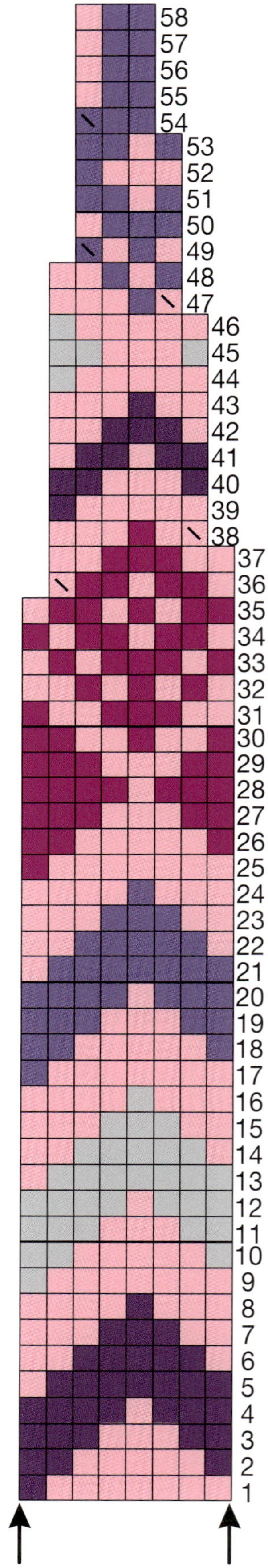

Nun für die **Passe** die M aller Teile zusammen auf eine Rundstricknadel 8 mm nehmen: 56 (64/72) M linker Ärmel, 72 (80/88) M Vorderteil, 56 (64/72) M rechter Ärmel, 72 (80/88) M Rückenteil = 256 (288/320) Maschen. Die restlichen Runden des Jacquardmusters arbeiten = 96 (108/120) Maschen. Dann glatt rechts mit Nadel 7,5 mm in Lavendel weiterarbeiten. Nach weiteren 2 (6/10) Runden für den Bund noch 20 cm = 45 Runden im Rippenmuster stricken, dabei in der 1. Runde gleichmäßig verteilt 4 (12/20) M abnehmen = 92 (96/100) Maschen. Dann alle M abketten.

FERTIGSTELLUNG

Die Unterarmnähte schließen.

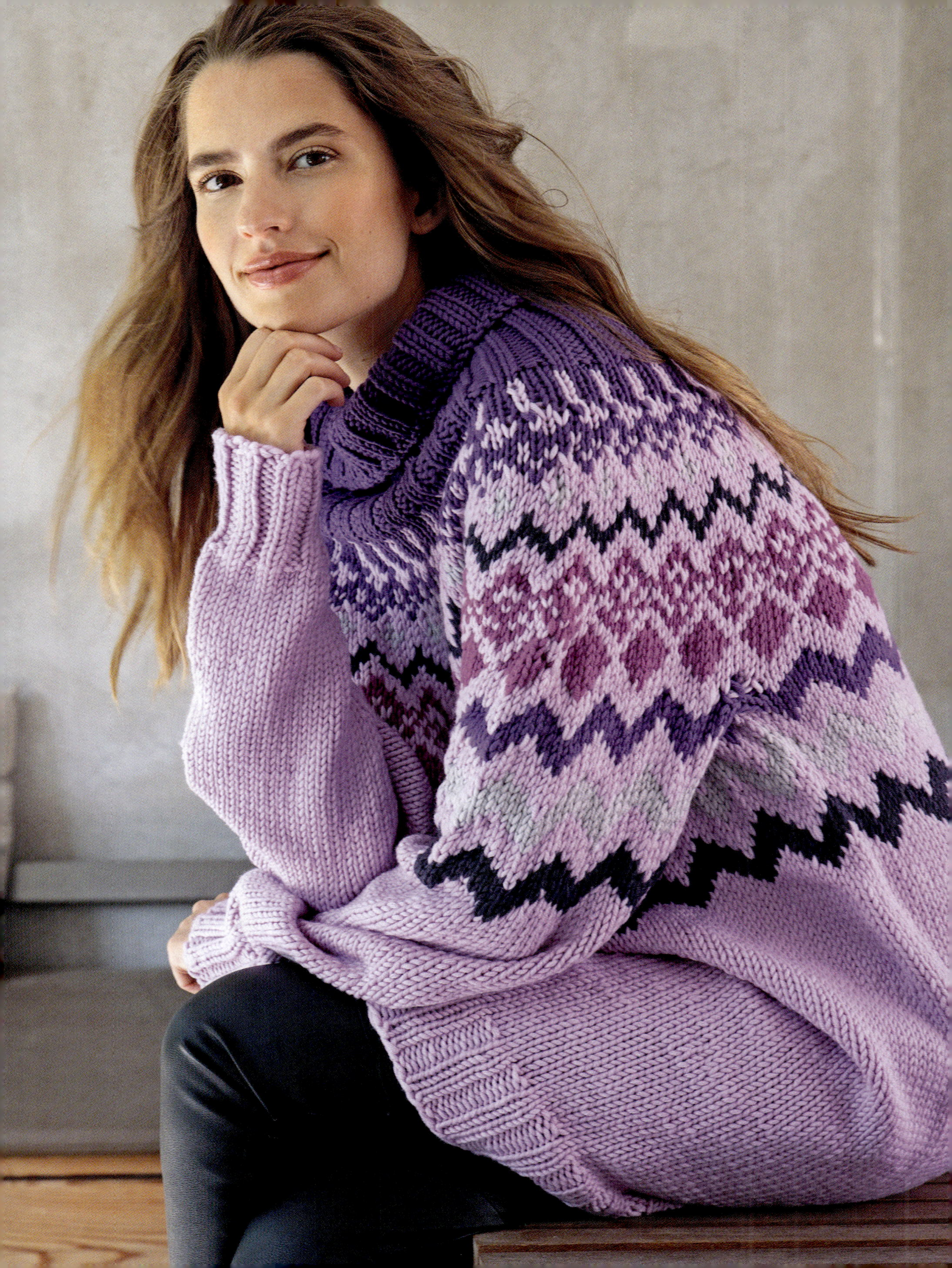

Winter Sky

Leicht, luftig und kuschelweich – dieses feminine Design fühlt sich auf der Haut wie ein Flauschwölkchen an! Das softe Material und die zarten Pastelltöne passen perfekt ins Bild.

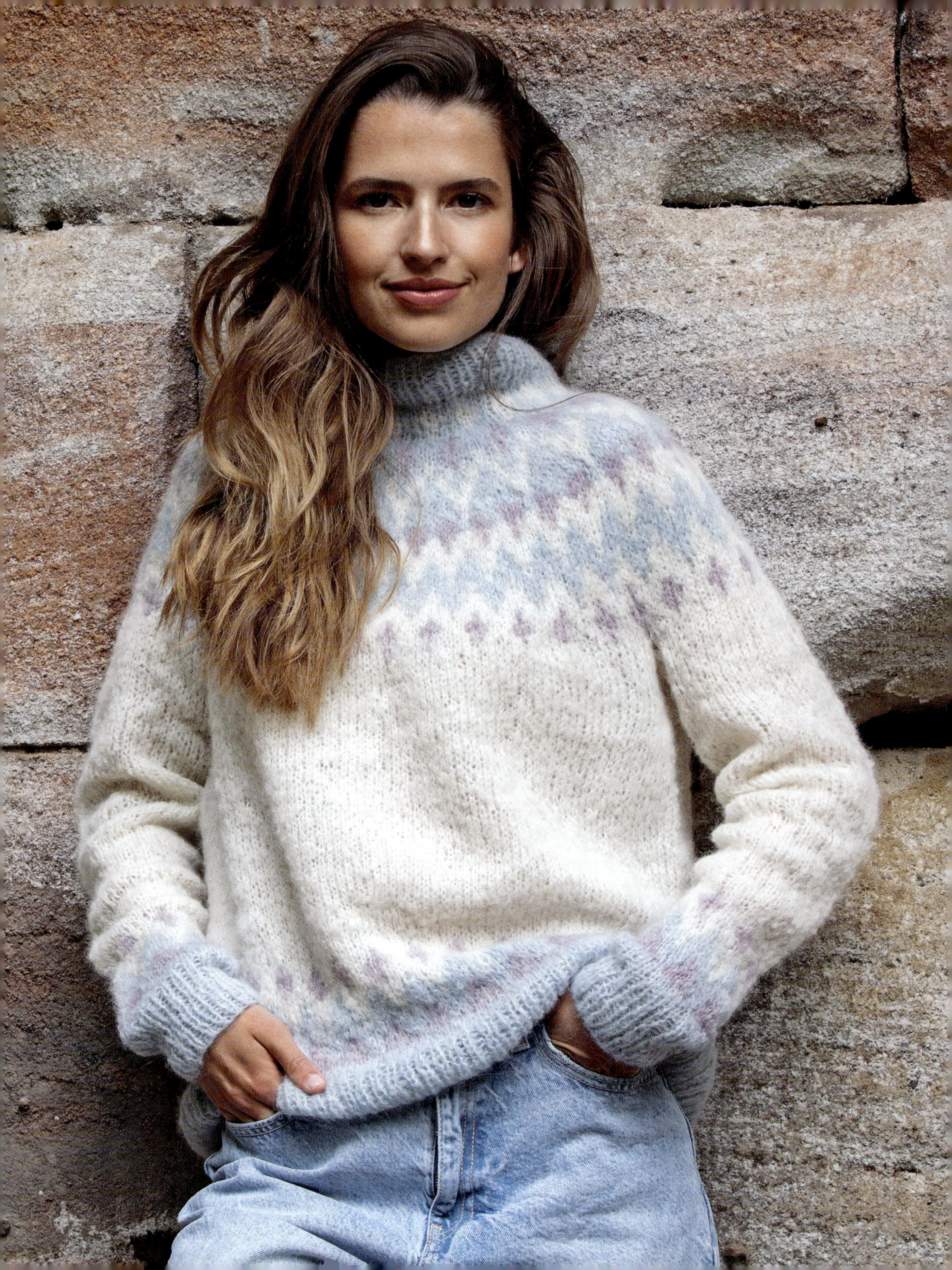

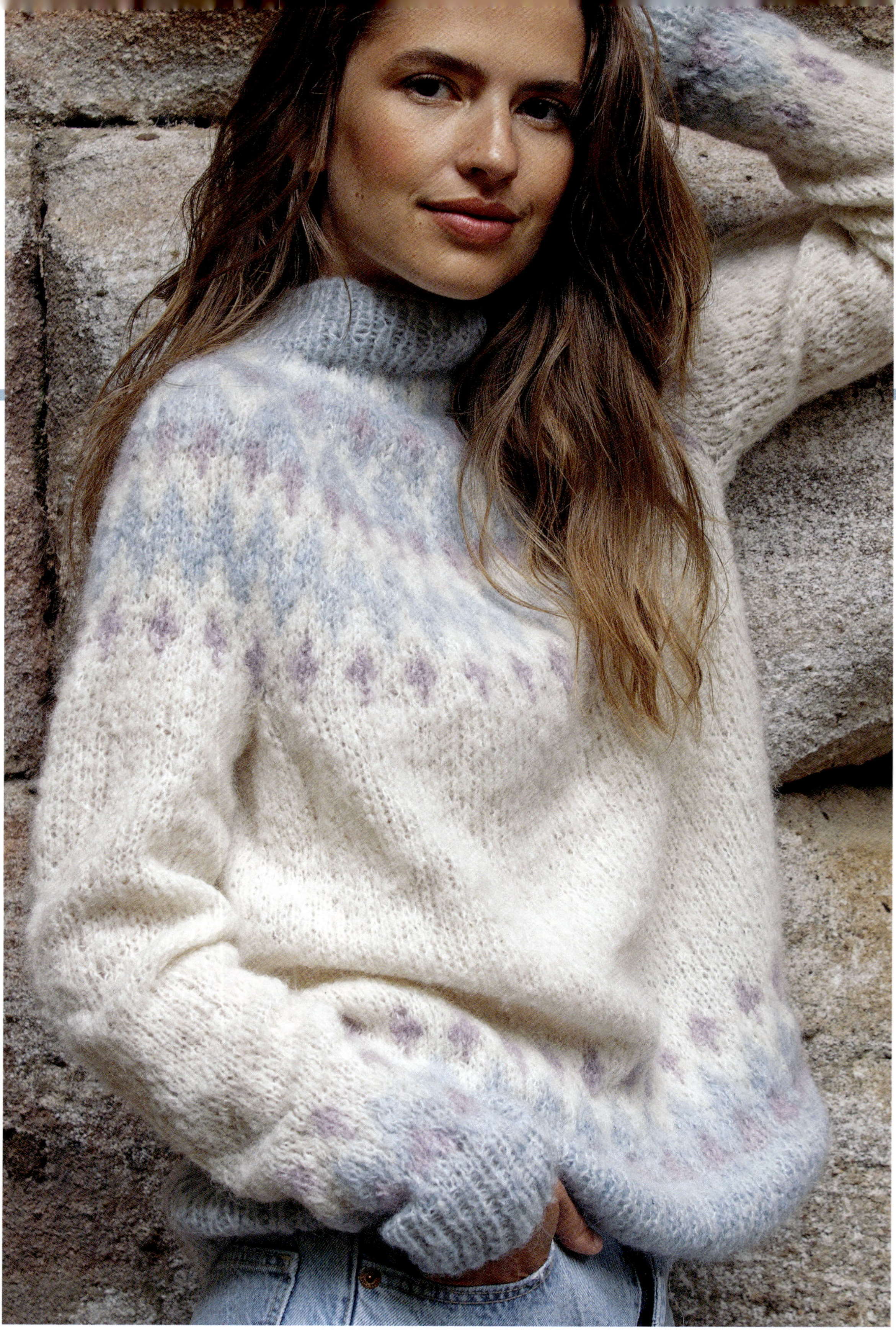

Winter Sky

Schwierigkeit:

GRÖẞE
36/38, 40/42 und 44/46
Die Angaben für die kleinste Größe stehen vor der Klammer, die für die beiden größeren Größen aufsteigend und von einem / getrennt in den Klammern. Wird nur eine Angabe gemacht, gilt diese für alle Größen.

MATERIAL
Più Bella (59 % Alpaka, 20 % Polyamid, 15 % Kaschmir, 6 % Schurwolle, LL = 100 m/25 g) von Lana Grossa:
200 (225/250) g Rohweiß (Fb 1),
je 50 (75/75) g Zartlila (Fb 6) und Hellblau (Fb 14); verschieden lange Rundstricknadeln 4 mm und 5 mm und ein Nadelspiel 4 mm und 5 mm.

MUSTER
Rippenmuster
Gerade Maschenzahl. * 1 M links, 1 M rechts, ab * stets wiederholen.

Glatt rechts
In Runden immer rechte M stricken.

Jacquardmuster A
Maschenzahl teilbar durch 6.
Nach dem Zählmuster glatt rechts arbeiten.
Es ist jede Runde gezeichnet.
1x die 1.–20. Runde arbeiten.

Jacquardmuster B
Maschenzahl teilbar durch 12.
Nach dem Zählmuster glatt rechts arbeiten.
Es ist jede Runde gezeichnet.
1x die 1.–47. Runde arbeiten.

MASCHENPROBEN
Glatt rechts, mit Nadeln 5 mm:
18 Maschen und 20 Runden = 10 cm x 10 cm.
Jacquardmuster, mit Nadeln 5 mm:
19 Maschen und 20 Runden = 10 cm x 10 cm.

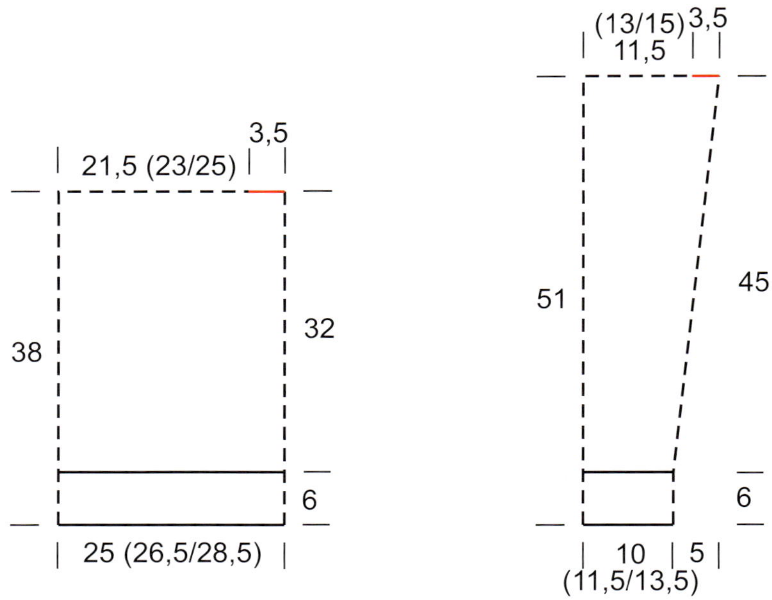

Die rote Linie markiert die Unterarmnaht.

SO WIRD'S GEMACHT

Das Vorder- und Rückenteil bis zum Beginn der Passe in einem Stück in Runden stricken: 180 (192/204) M mit Nadel 4 mm in Hellblau anschlagen, zur Runde schließen und für den Bund 6 cm = 12 Runden im Rippenmuster stricken. Die Seitenlinien markieren, also den Rundenanfang und die Hälfte der M = 90 (96/102) Maschen pro Vorder- und Rückenteil. Dann mit Nadel 5 mm im Jacquardmuster A weiterarbeiten. Anschließend glatt rechts in Rohweiß weiterarbeiten. In 38 cm Gesamthöhe jeweils die ersten und die letzten 6 M beider Teile abketten = 78 (84/90) Maschen pro Vorder- und Rückenteil. Dann alle M stilllegen.

Den Ärmel bis zum Beginn der Passe in einem Stück in Runden stricken: 36 (42/48) M mit Nadel 4 mm in Hellblau anschlagen, zur Runde schließen und für den Bund 6 cm = 12 Runden im Rippenmuster stricken. Die Unterarmlinie markieren = Rundenanfang. Dann mit Nadel 5 mm im Jacquardmuster A weiterarbeiten. Anschließend glatt rechts in Rohweiß weiterarbeiten. Gleichzeitig für die Ärmelschrägen beidseitig in der 13. Reihe ab Bund 1x 1 M und 8x in jeder 10. Reihe je 1 M zunehmen = 54 (60/66) Maschen. In 51 cm Gesamthöhe an beiden Seiten jeweils 6 M abketten = 42 (48/54) Maschen.
Den **2. Ärmel** ebenso arbeiten.

Nun für die **Passe** die M aller Teile zusammen auf eine Rundstricknadel 5 mm nehmen: 42 (48/54) M linker Ärmel, 78 (84/90) M Vorderteil, 42 (48/54) M rechter Ärmel, 78 (84/90) M Rückenteil = 240 (264/288) Maschen. Im Jacquardmuster B weiterarbeiten = 80 (88/96) Maschen. Dann in Hellblau noch 2 (6/12) Run-

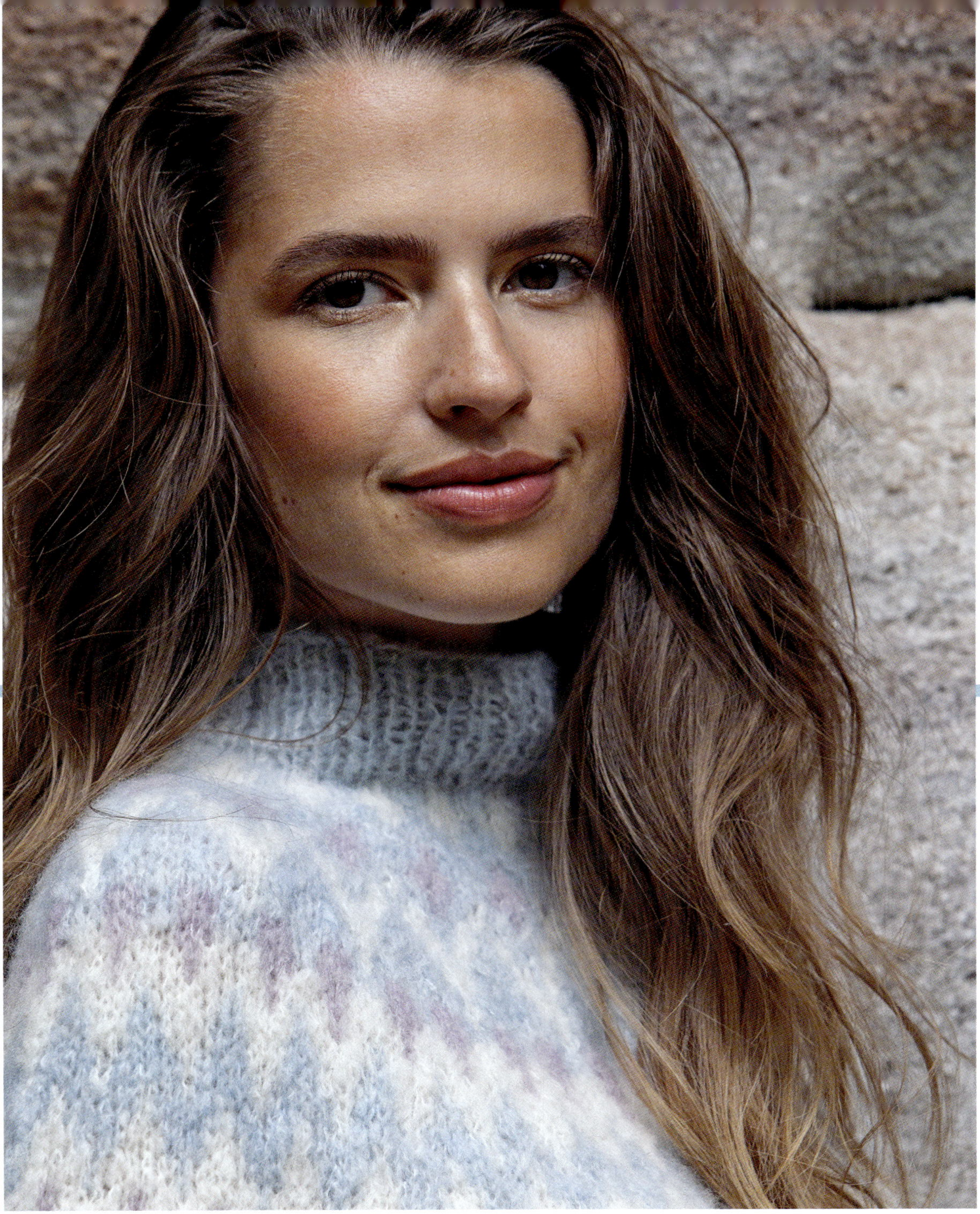

den glatt rechts stricken, anschließend für den Bund noch 5 cm = 10 Runden mit der Rundstricknadel 4 mm im Rippenmuster stricken und anschließend alle M locker abketten, wie sie erscheinen.

FERTIGSTELLUNG

Die Unterarmnähte schließen.

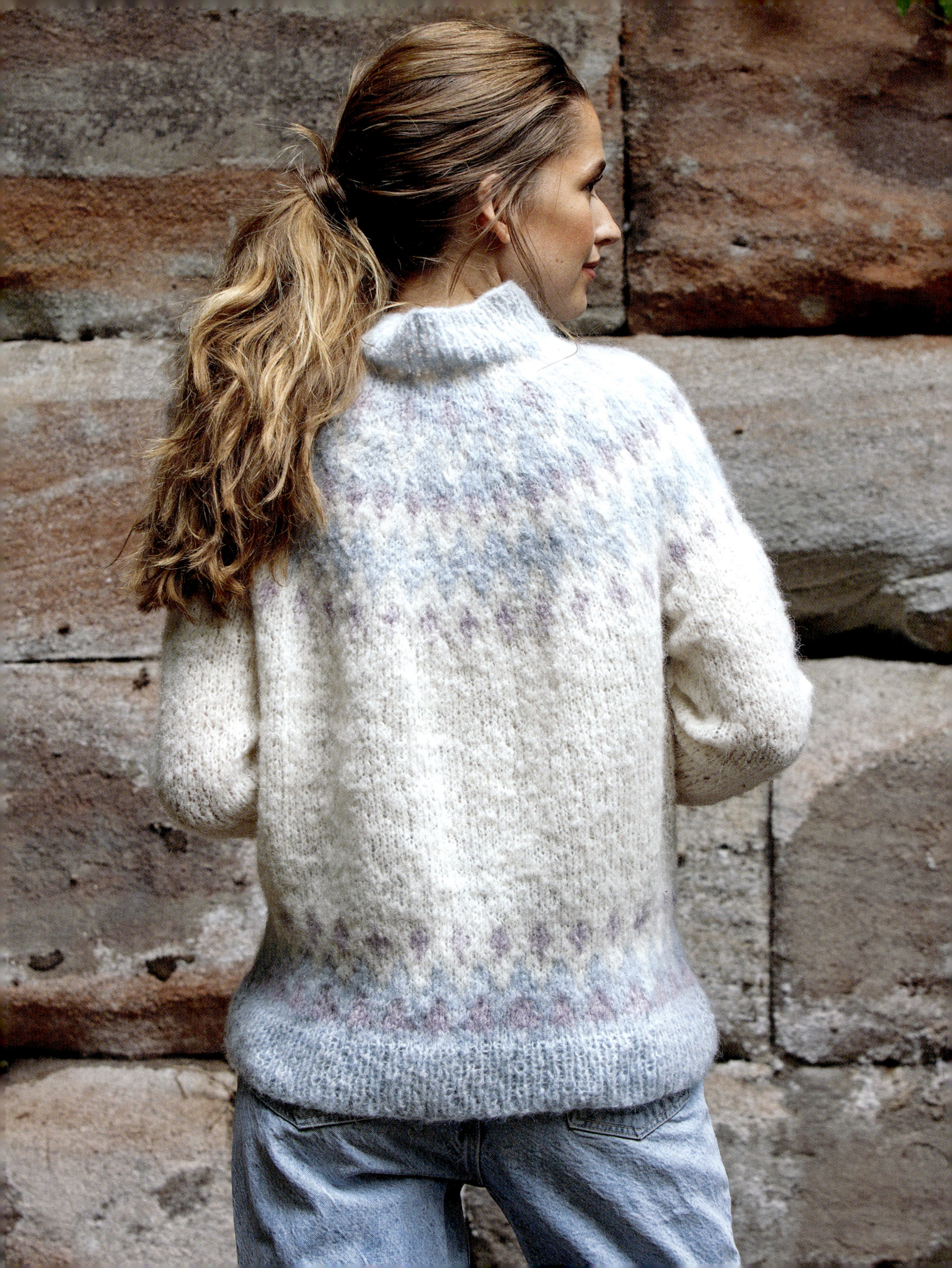

Zeichenerklärung

□ = Rohweiß

□ = Hellblau

□ = Zartlila

⧅ = 2 Maschen rechts überzogen zusammenstricken (= 1 Masche wie zum Rechtsstricken abheben, 1 Masche rechts stricken, dann die abgehobene Masche überziehen)

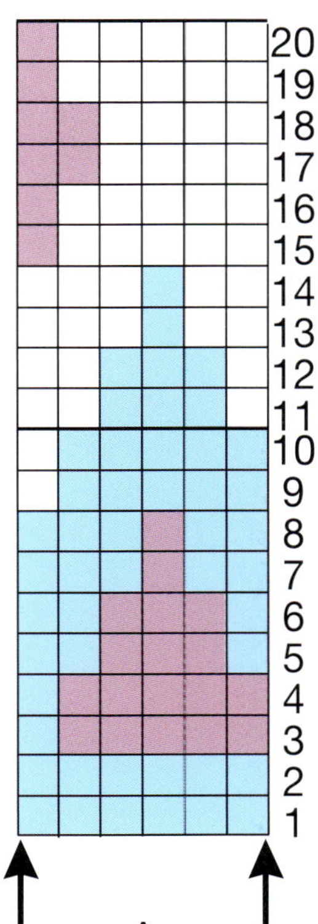

A

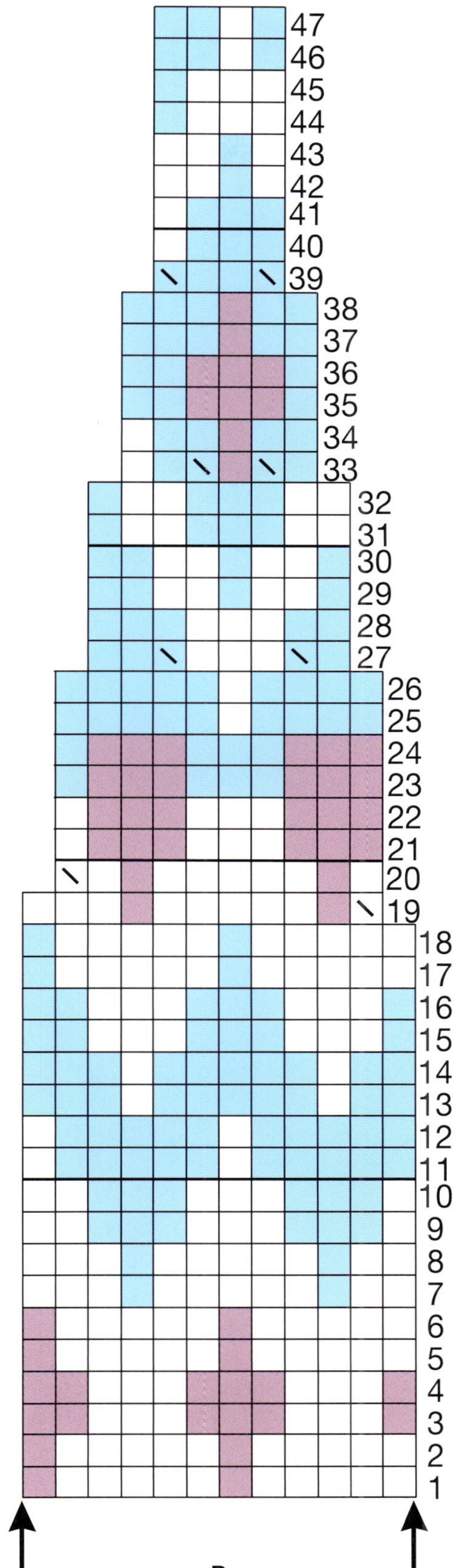

B

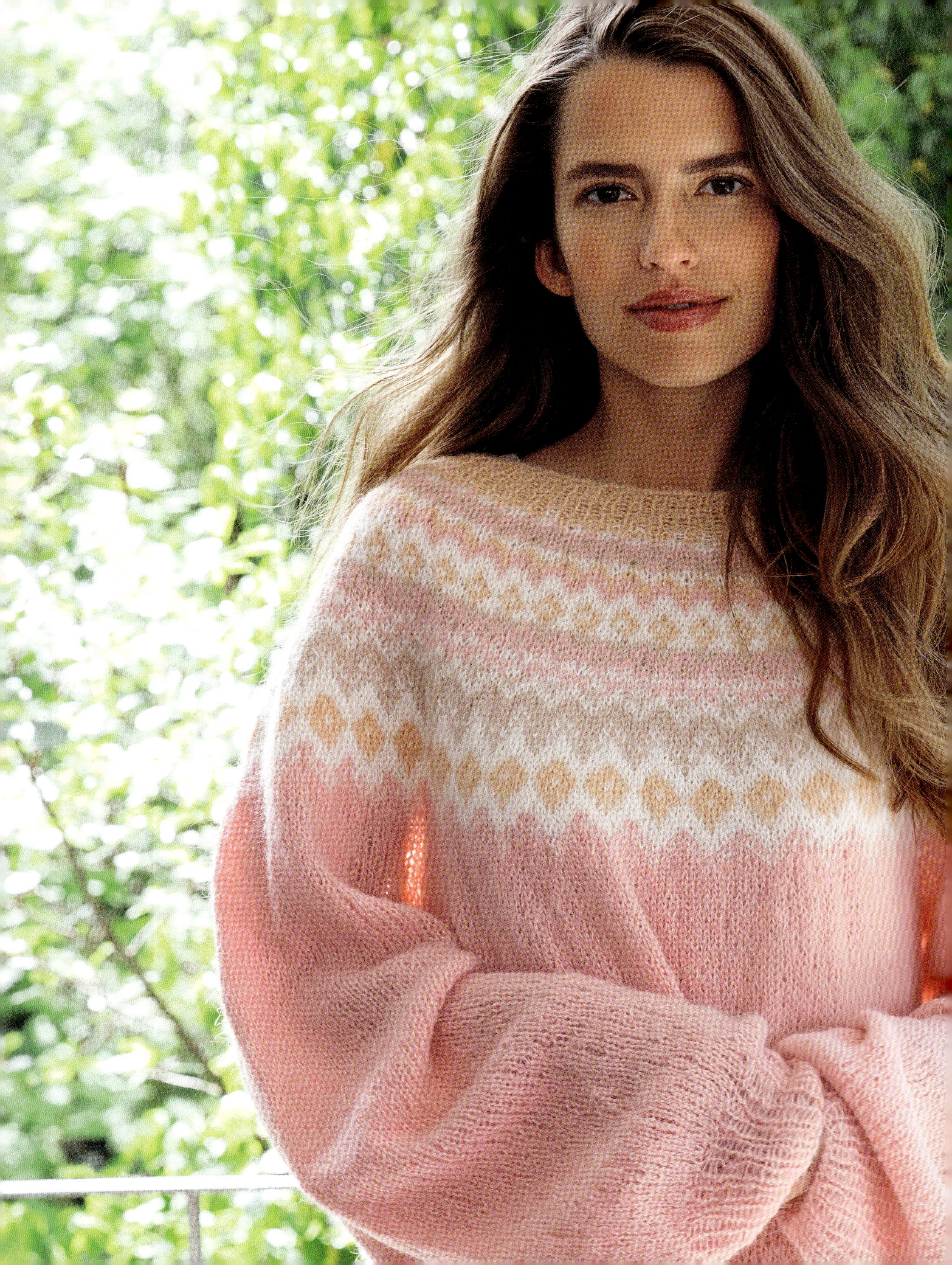

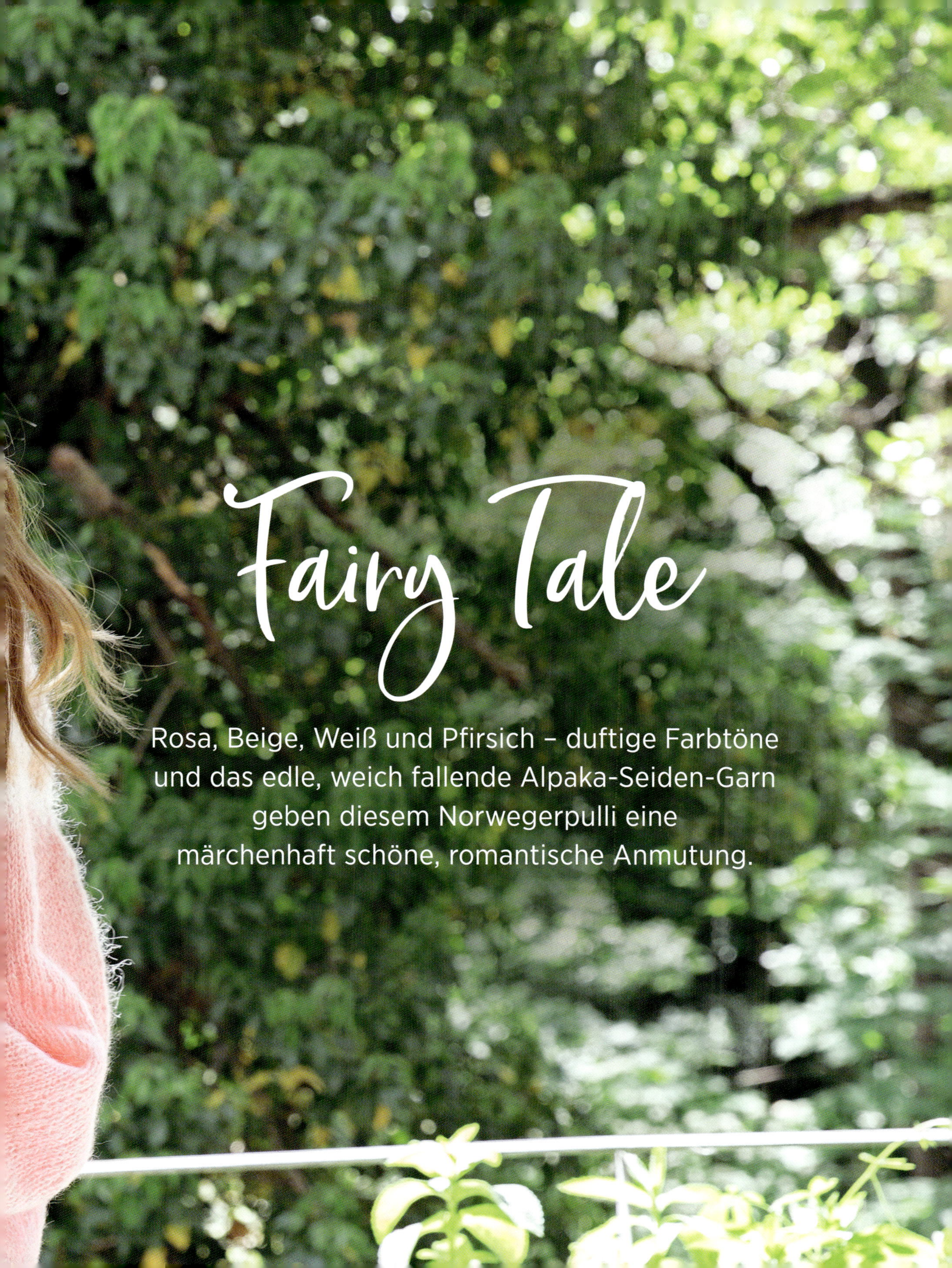

Fairy Tale

Rosa, Beige, Weiß und Pfirsich – duftige Farbtöne und das edle, weich fallende Alpaka-Seiden-Garn geben diesem Norwegerpulli eine märchenhaft schöne, romantische Anmutung.

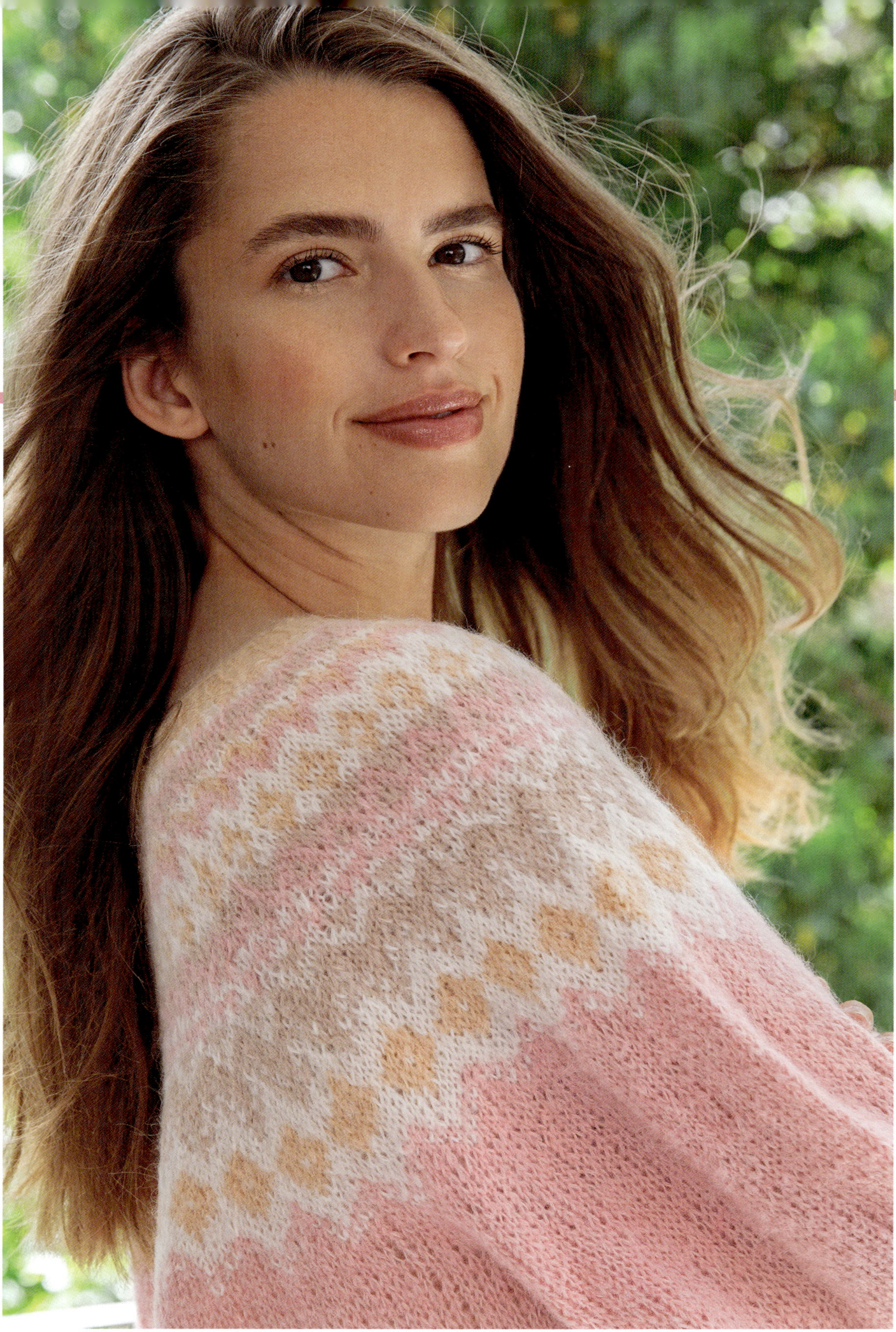

Fairy Tale

Schwierigkeit: 2 von 3

GRÖẞE

36/38, 40/42 und 44/46
Die Angaben für die kleinste Größe stehen vor der Klammer, die für die beiden größeren Größen aufsteigend und von einem / getrennt in den Klammern. Wird nur eine Angabe gemacht, gilt diese für alle Größen.

MATERIAL

Seta Suri (69 % Alpaka, 31% Seide, LL = 212 m/25 g) von Lana Grossa:
250 (275/300) g Rosa (Fb 8),
je 50 (75/75) g Beige (Fb 21), Weiß (Fb 1) und Pfirsich (Fb 3); verschieden lange Rundstricknadeln 4,5 mm und 5 mm und ein Nadelspiel 4,5 mm und 5 mm.

MUSTER

Rippenmuster
Gerade Maschenzahl. * 1 M links, 1 M rechts, ab * stets wiederholen.

Glatt rechts
In Runden immer rechte M stricken.

Jacquardmuster
Maschenzahl teilbar durch 8.
Nach dem Zählmuster glatt rechts arbeiten.
Es ist jede Runde gezeichnet.
1x die 1.–50. Runde arbeiten.

MASCHENPROBEN

Glatt rechts, zweifädig mit Nadeln 5 mm:
18 Maschen und 22 Runden = 10 cm x 10 cm.
Jacquardmuster, zweifädig mit Nadeln 5 mm: 21,5 Maschen und 24 Runden = 10 cm x 10 cm.

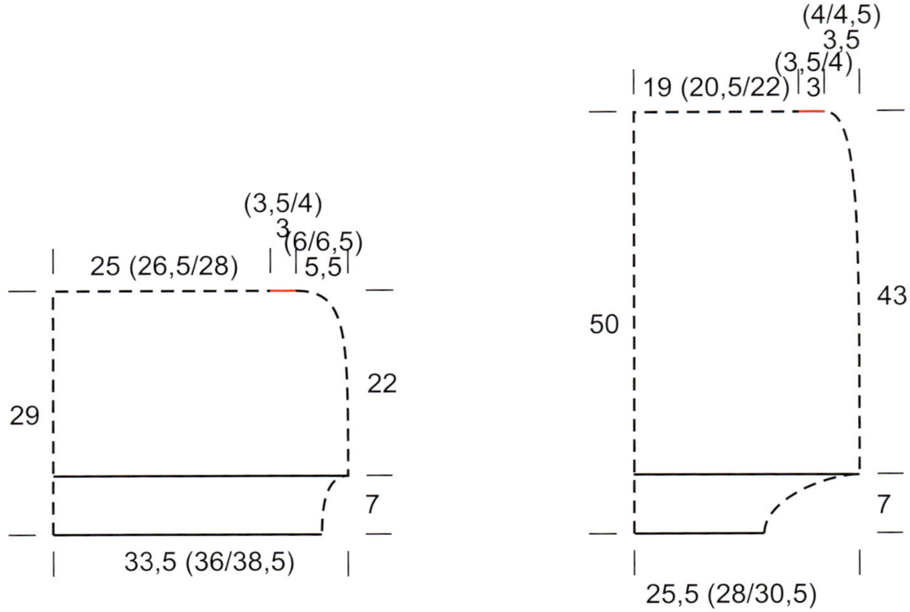

Die rote Linie markiert die Unterarmnaht.

SO WIRD'S GEMACHT

Das Vorder- und Rückenteil bis zum Beginn der Passe in einem Stück in Runden stricken: 180 (196/212) M mit Nadel 4,5 mm zweifädig in Rosa anschlagen, zur Runde schließen und für den Bund 7 cm = 19 Runden im Rippenmuster stricken. Die Seitenlinien markieren, also den Rundenanfang und die Hälfte der M = 90 (98/106) Maschen pro Vorder- und Rückenteil. Dann mit Nadel 5 mm glatt rechts weiterarbeiten, dabei in der 1. Runde gleichmäßig verteilt 60 (64/64) M zunehmen = insgesamt 240 (260/276) Maschen und 120 (130/138) Maschen pro Vorder- und Rückenteil. In 29 cm Gesamthöhe jeweils die ersten und die letzten 6 (8/9) M beider Teile abketten = 108 (114/120) Maschen pro Vorder- und Rückenteil. Dann die M stilllegen.

Den Ärmel bis zum Beginn der Passe in einem Stück in Runden stricken:
46 (52/56) M mit Nadel 4,5 mm zweifädig in Rosa anschlagen und für den Bund 7 cm = 19 Runden im Rippenmuster stricken. Die Unterarmlinie markieren = Rundenanfang. Dann mit Nadel 5 mm glatt rechts weiterarbeiten, dabei in der 1. Runde gleichmäßig verteilt 46 (50/54) M zunehmen = 92 (102/110) Maschen. In 50 cm Gesamthöhe an beiden Seiten 1x je 6 (8/9) M abketten = 80 (86/92) Maschen.
Den **2. Ärmel** ebenso arbeiten.

Nun für die **Passe** die M aller Teile auf eine Rundstricknadel 5 mm nehmen: 80 (86/92) M linker Ärmel, 108 (114/120) M Vorderteil, 80 (86/92) M rechter Ärmel, 108 (114/120) M Rückenteil = 376 (400/424) Maschen. Nach weiteren 2 (6/12) Runden glatt rechts in Rosa und dann im Jacquard-

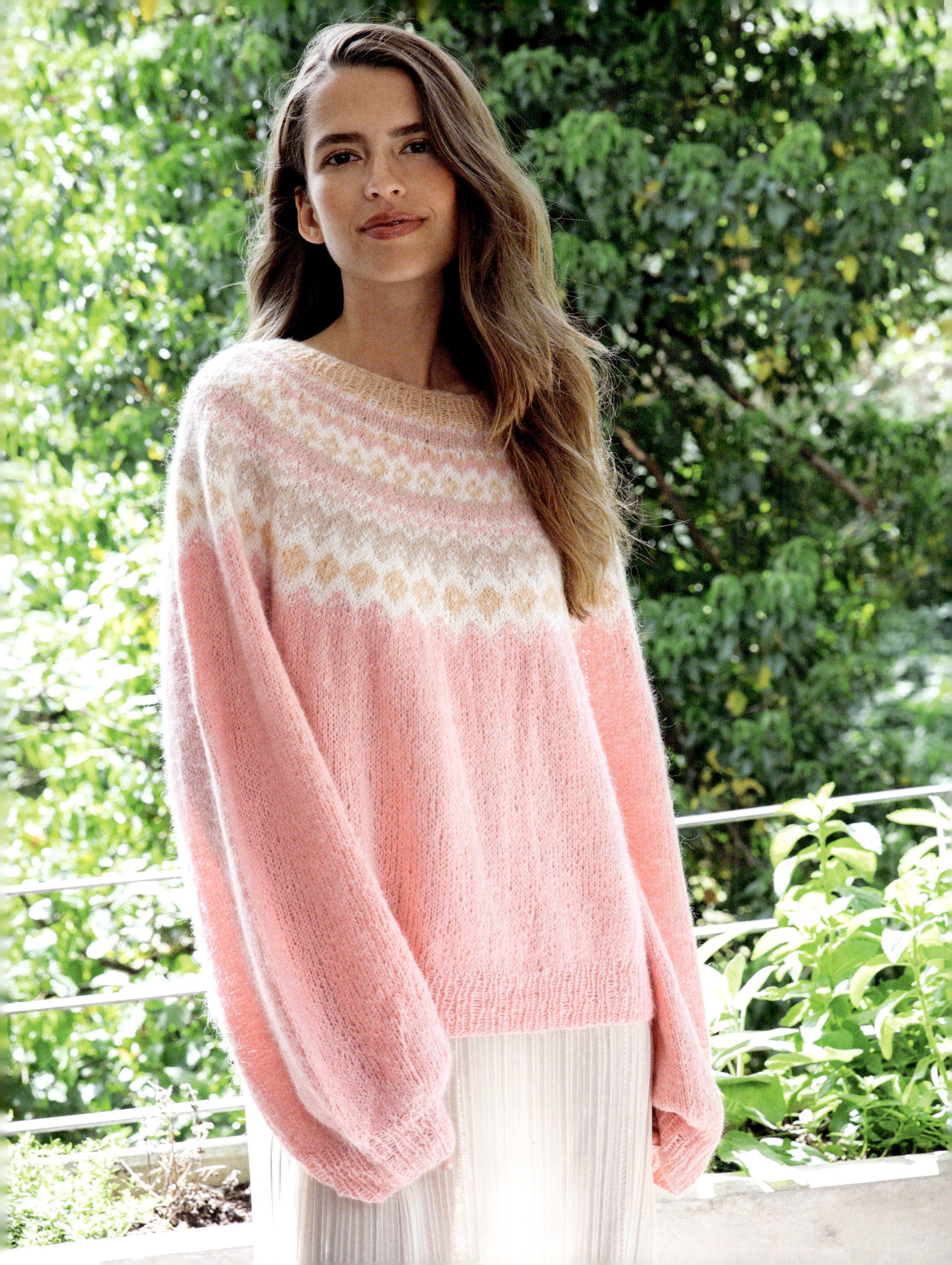

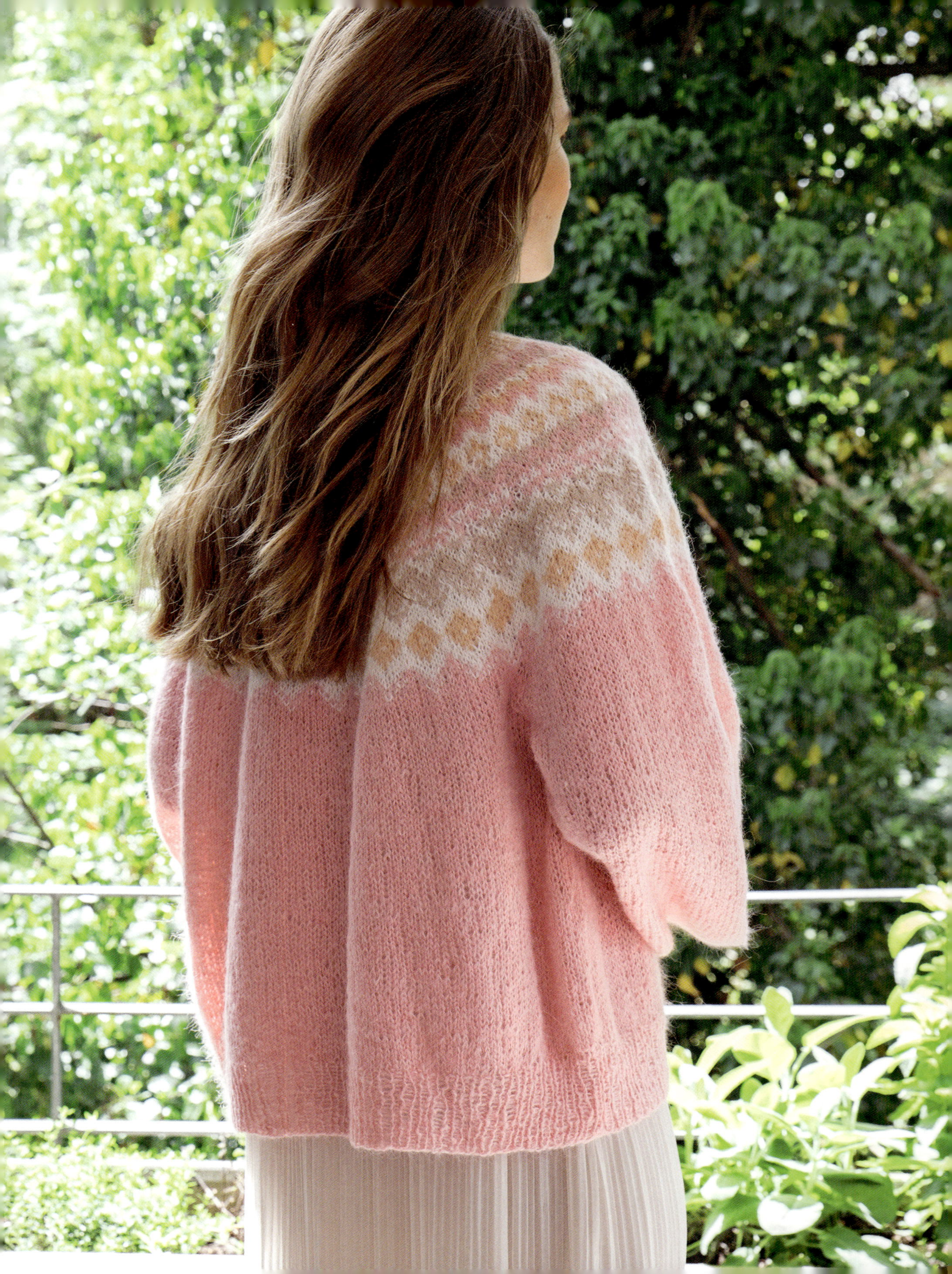

Zeichenerklärung

- Rosa-Kästchen = Rosa
- Weiß-Kästchen = Weiß
- Pfirsich-Kästchen = Pfirsich
- Beige-Kästchen = Beige
- Kästchen mit Schrägstrich = 2 Maschen rechts überzogen zusammenstricken (= 1 Masche wie zum Rechtsstricken abheben, 1 Masche rechts stricken, dann die abgehobene Masche überziehen)

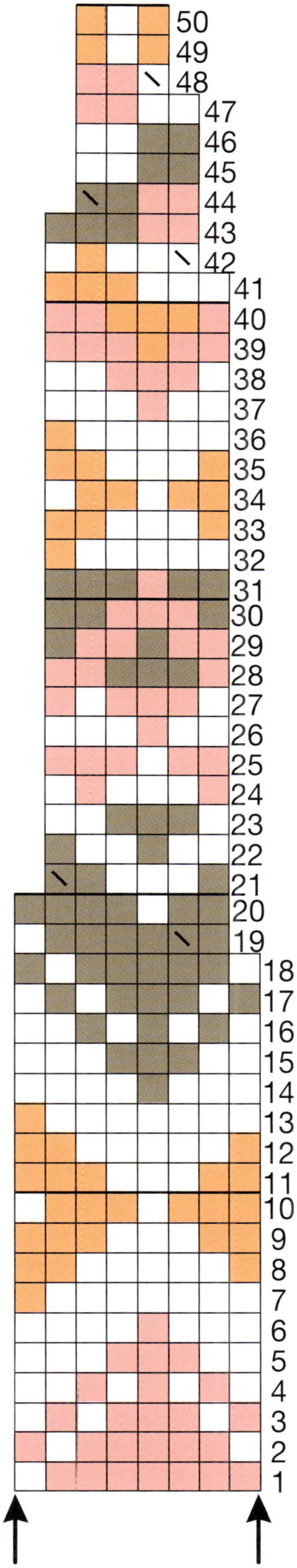

muster weiterarbeiten = 141 (150/159) Maschen. Dann für den Bund noch 4 cm = 11 Runden im Rippenmuster zweifädig in Pfirsich stricken, dabei in der 1. Runde gleichmäßig verteilt 41 (50/59) M abnehmen = 100 Maschen. Alle M locker abketten, wie sie erscheinen.

FERTIGSTELLUNG

Die Unterarmnähte schließen.

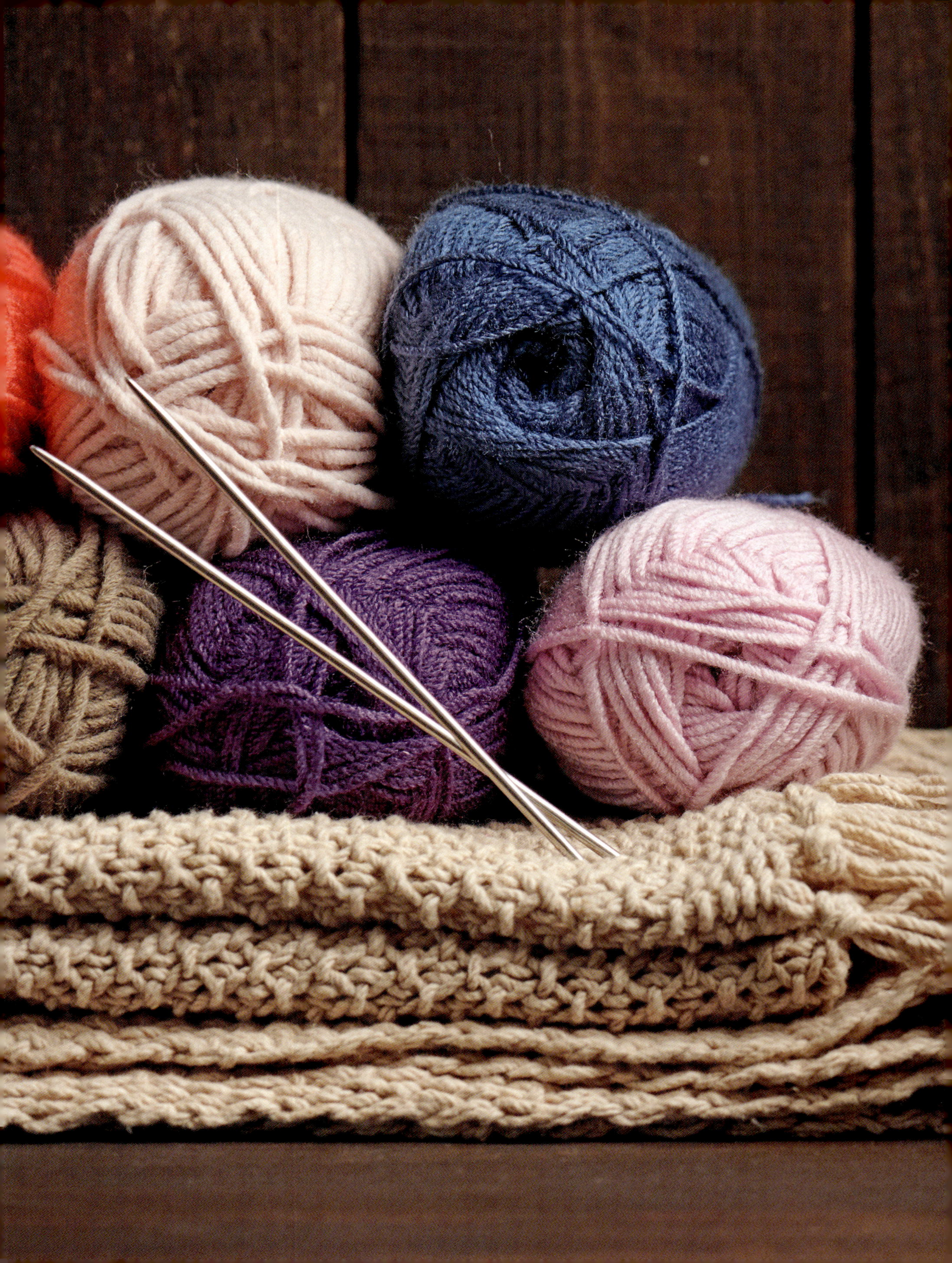

Vielfältige Formen

Auch bei den Schnitten lässt sich das klassische Norwegerdesign modern variieren: Mit unterschiedlichen Ärmellängen, tailliert oder oversized – die Rundpasse macht alles mit!

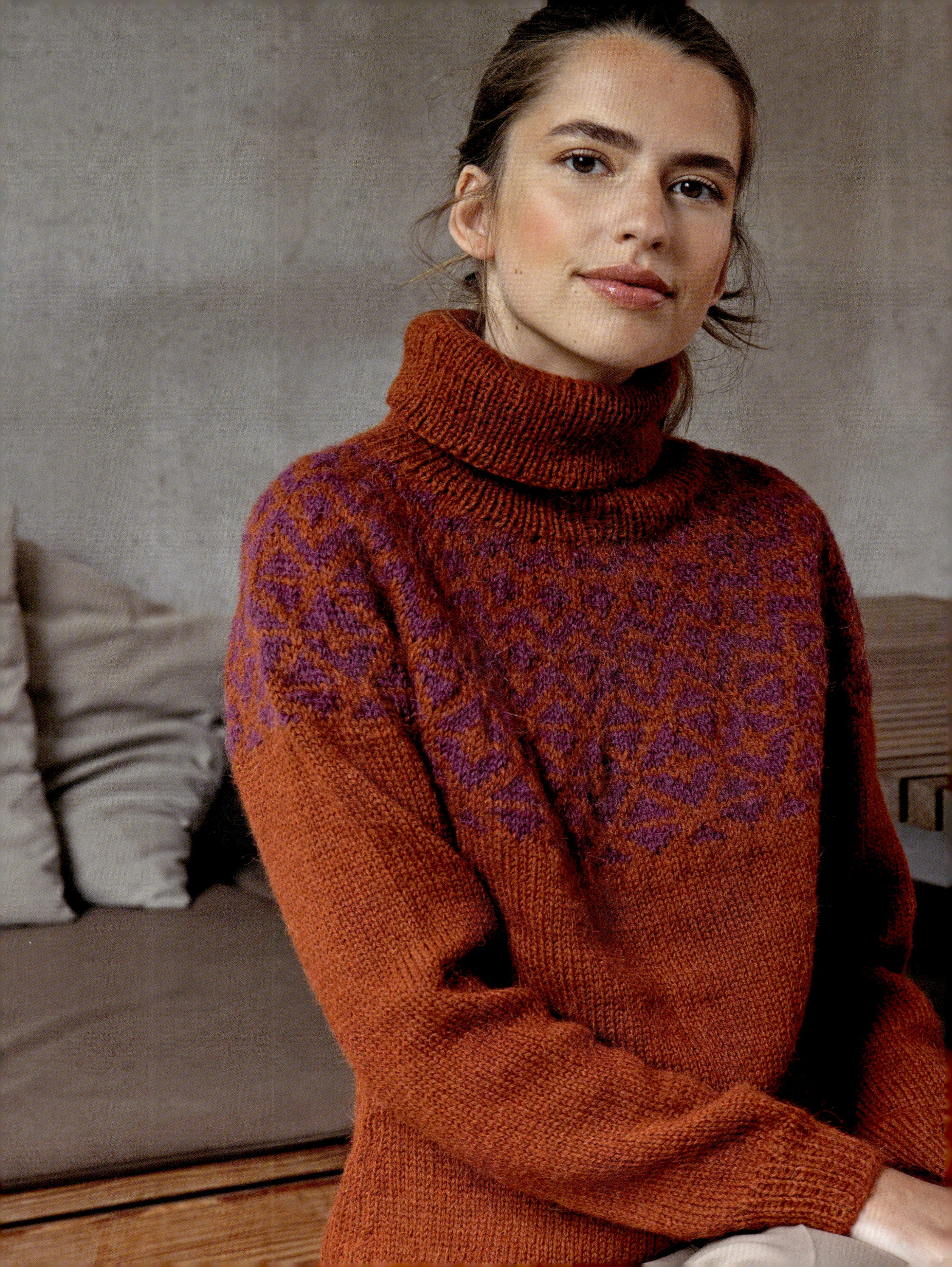

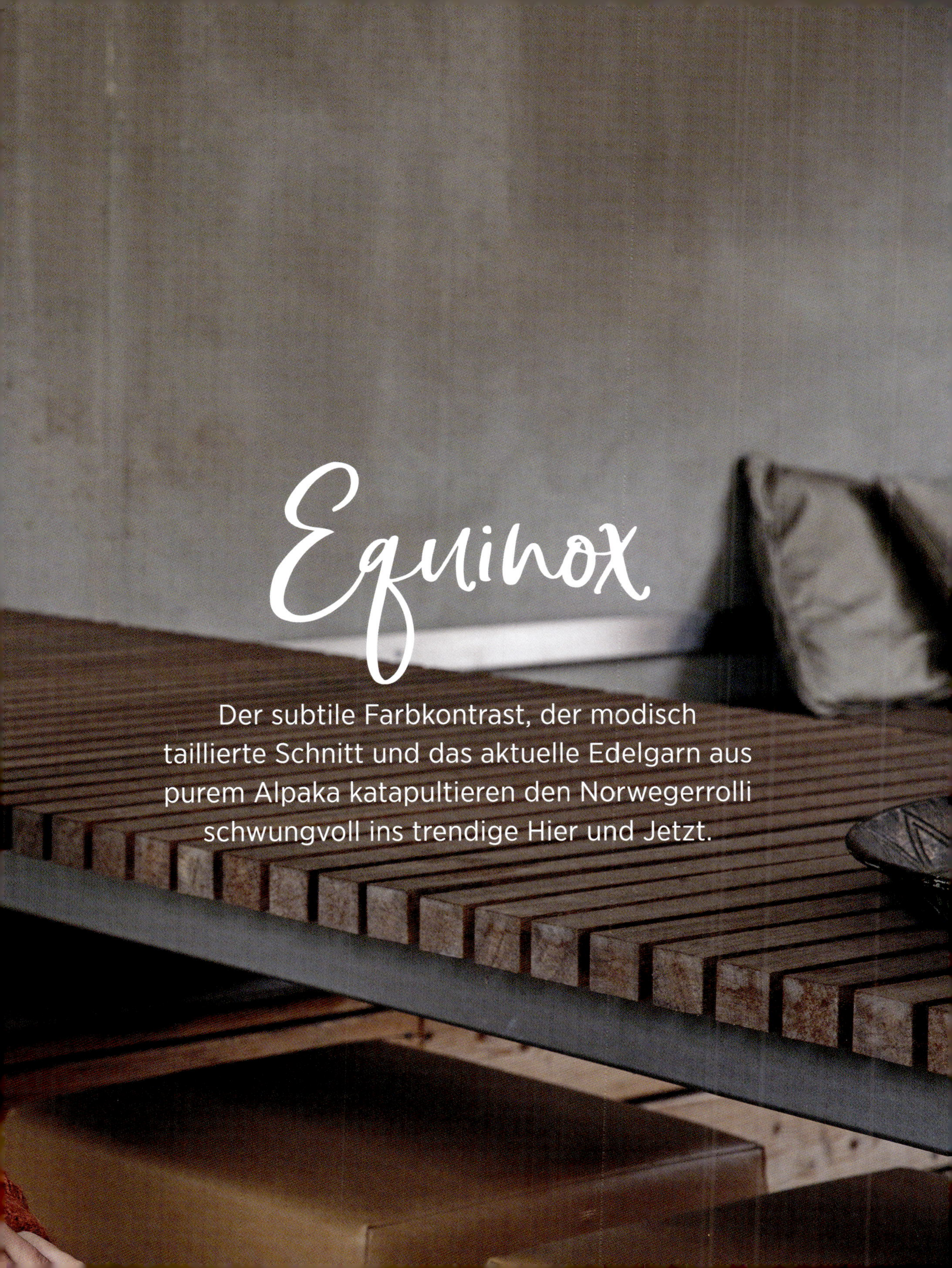

Equinox

Der subtile Farbkontrast, der modisch taillierte Schnitt und das aktuelle Edelgarn aus purem Alpaka katapultieren den Norwegerrolli schwungvoll ins trendige Hier und Jetzt.

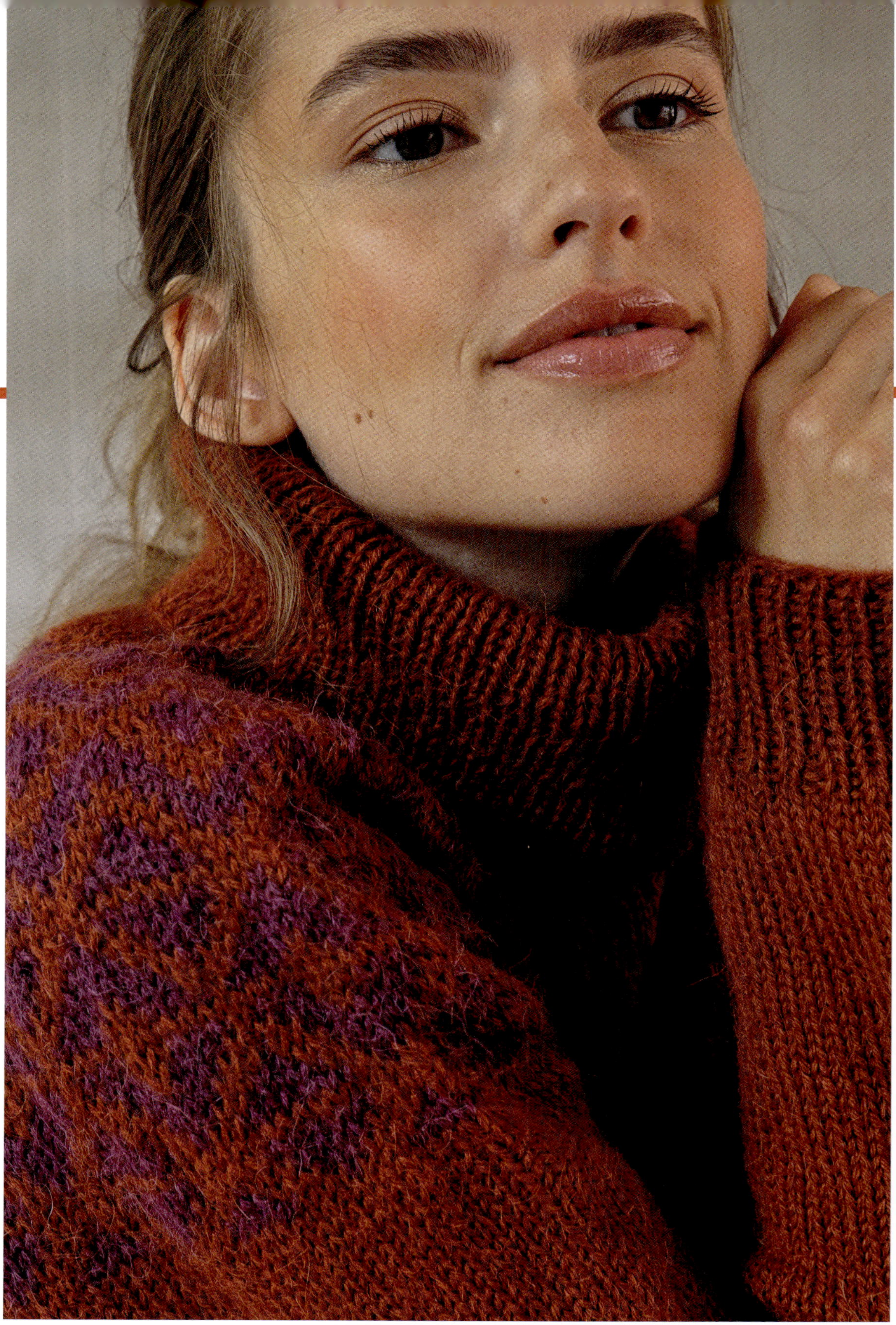

Equinox

Schwierigkeit: 2 von 3

GRÖẞE

36/38, 40/42 und 44/46

Die Angaben für die kleinste Größe stehen vor der Klammer, die für die beiden größeren Größen aufsteigend und von einem / getrennt in den Klammern. Wird nur eine Angabe gemacht, gilt diese für alle Größen.

MATERIAL

Linie 310 Alpaca (100 % Alpaka, LL = 100 m/50 g) von ONline: 500 (550/600) g Kastanie (Fb 26) und 100 (150/150) g Zyklam (Fb 31); Stricknadeln 4 mm und 4,5 mm, verschieden lange Rundstricknadeln 4,5 mm und 5 mm und ein Nadelspiel 4 mm.

MUSTER

Rippenmuster

Ungerade Maschenzahl.

1. Reihe (Rückreihe): Randm, * 1 M links, 1 M rechts, ab * stets wiederholen, 1 M links, Randm. 2. Reihe (Hinreihe): Randm, * 1 M rechts, 1 M links, ab * stets wiederholen, 1 M rechts, Randm.

Die 1. und 2. Reihe stets wiederholen.

Glatt rechts

In Hinreihen rechte M, in Rückreihen linke M stricken; in Runden immer rechte M stricken.

Jacquardmuster

Maschenzahl, teilbar durch 12.

Nach dem Zählmuster glatt rechts arbeiten.

Es ist jede Runde gezeichnet.

1x die 1.–46. Runde arbeiten.

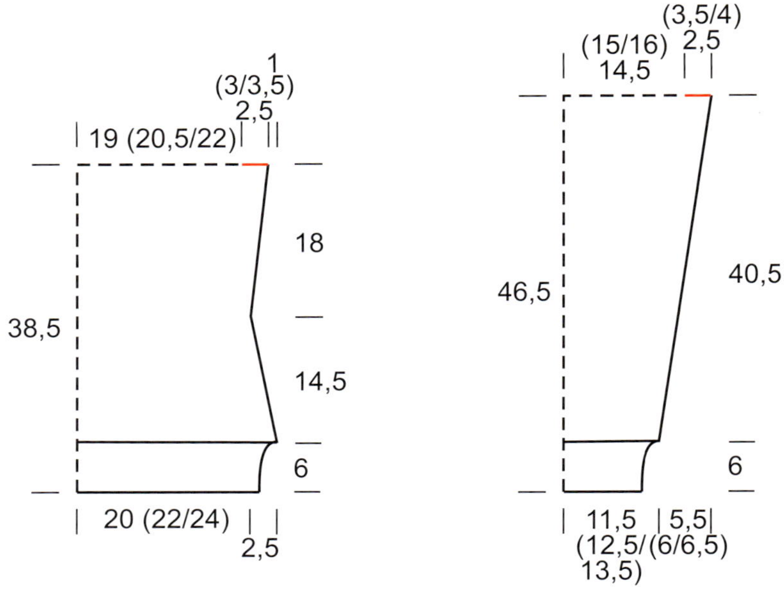

Die rote Linie markiert die Unterarmnaht.

Betonte Abnahmen
Rechter Rand: Randm, 1 M glatt rechts, 2 M rechts überzogen zusammenstricken (= 1 M wie zum Rechtsstricken abheben, 1 M rechts stricken, dann die abgehobene M überziehen), die restlichen M mustergemäß stricken. Linker Rand: Bis zu den letzten 4 M mustergemäß stricken, dann 2 M rechts zusammenstricken, 1 M glatt rechts, Randm.

Betonte Zunahmen
Rechter Rand: Randm, 1 M glatt rechts, 1 M aus dem Querfaden rechts verschränkt herausstricken, die restlichen M mustergemäß stricken. Linker Rand: Bis zu den letzten 2 M mustergemäß stricken, dann 1 M aus dem Querfaden rechts verschränkt herausstricken, 1 M glatt rechts, Randm.

MASCHENPROBEN

Glatt rechts, mit Nadeln 4,5 mm:
22 Maschen und 26 Reihen = 10 cm x 10 cm.
Jacquardmuster, mit Nadeln 5 mm:
22 Maschen und 22 Runden = 10 cm x 10 cm.

SO WIRD'S GEMACHT

Rückenteil: 95 (103/111) M mit Nadeln 4 mm in Kastanie anschlagen und für den Bund 6 cm = 17 Reihen im Rippenmuster stricken, dabei mit 1 Rückreihe beginnen. Dann mit Nadeln 4,5 mm glatt rechts weiterarbeiten, dabei in der 1. Reihe gleichmäßig verteilt 6 M zunehmen = 101 (109/117) Maschen. Für die Taillierung beidseitig 1x in der 9. Reihe ab Bund und dann noch 5x in jeder 6. Reihe je 1 M betont abnehmen = 89 (97/105) M und anschließend 4x in jeder 10. Reihe je 1 M betont zunehmen = 97 (105/113) Maschen. In 38,5 cm Gesamthöhe für die Armausschnitte beidseitig 1x 5 (7/8) M abketten = 87 (91/97) Maschen. Dann die M stilllegen.

Zeichenerklärung

- [Kastanie-Feld] = Kastanie
- [Zyklam-Feld] = Zyklam
- [Feld mit Schrägstrich] = 2 Maschen rechts überzogen zusammenstricken (= 1 Masche wie zum Rechtsstricken abheben, 1 Masche rechts stricken, dann die abgehobene Masche überziehen)

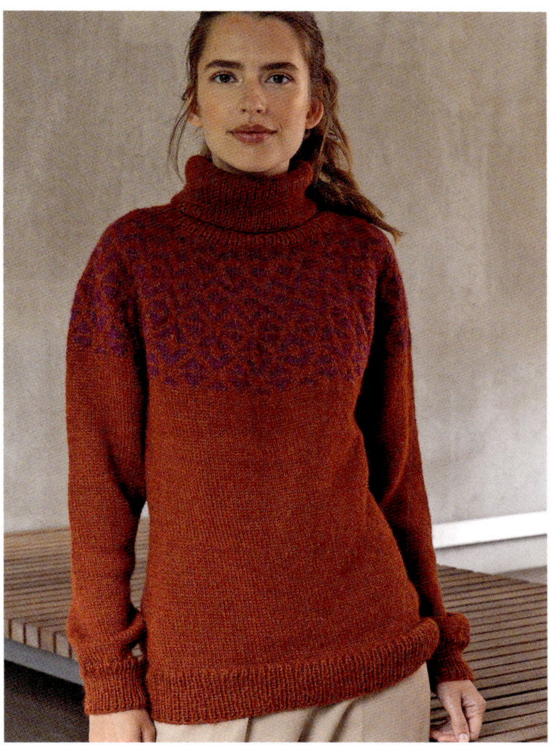

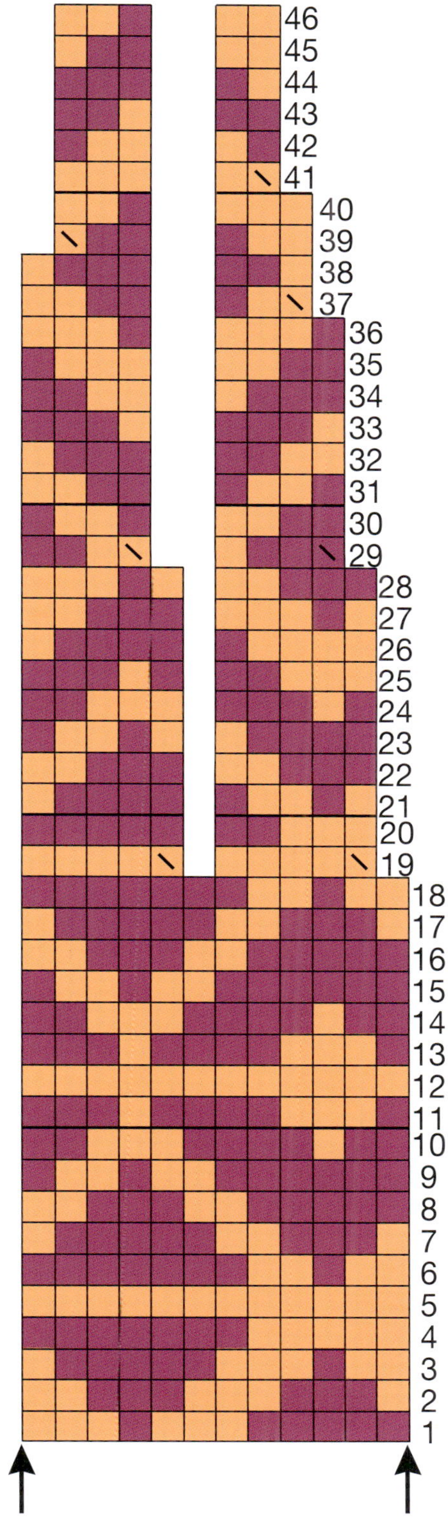

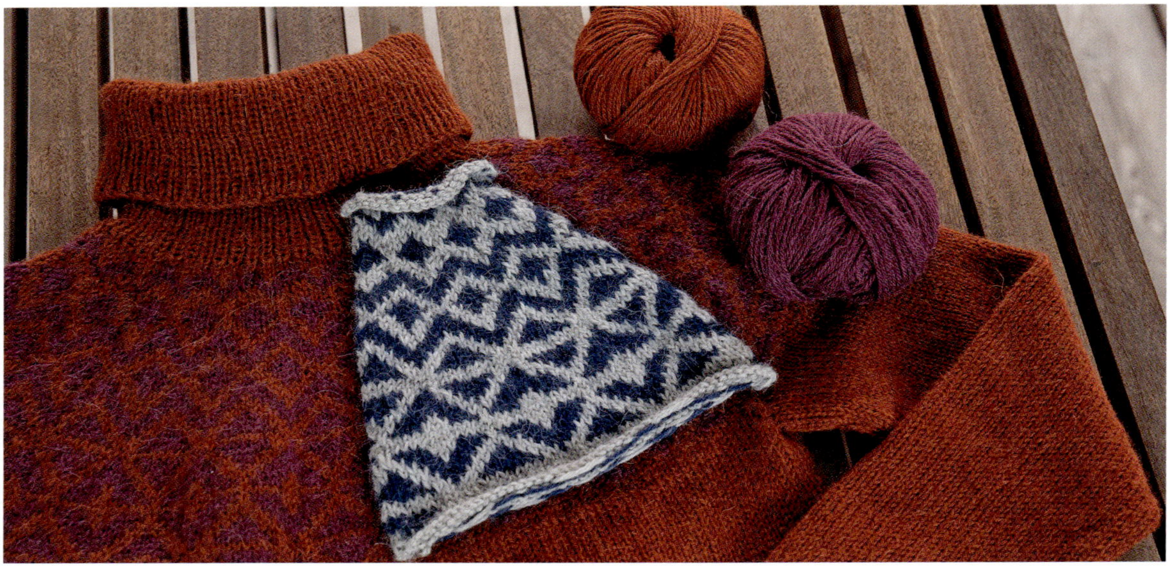

Andere Farben – neues Bild: Bei Norwegermustern lohnt es sich extrem, verschiedene Farbkombinationen anzustricken und ihre unterschiedliche Wirkung zu testen.

Vorderteil: Wie das Rückenteil stricken.

Ärmel: 41 (45/49) M mit Nadeln 4 mm in Kastanie anschlagen und für den Bund 6 cm = 17 Reihen im Rippenmuster stricken, dabei mit 1 Rückreihe beginnen. Dann mit Nadeln 4,5 mm glatt rechts weiterarbeiten, dabei in der 1. Reihe gleichmäßig verteilt 10 M zunehmen = 51 (55/59) Maschen. Für die Ärmelschrägen beidseitig 1x in der 11. (11./9.) Reihe ab Bund, dann 4x in jeder 10. Reihe und 7x in jeder 8. Reihe (12x in jeder 8. Reihe / 8x in jeder 8.Reihe und 6x in jeder 6. Reihe) je 1 M betont zunehmen = 75 (81/89) Maschen. In 46,5 cm Gesamthöhe für die Armausschnitte beidseitig 1x 6 (8/9) M abketten = 63 (65/71) Maschen. Dann die M stilllegen.
Den **2. Ärmel** ebenso arbeiten.

Passe: Nun die M aller Teile zusammen auf eine Rundstricknadel 4,5 mm nehmen: 63 (65/71) M linker Ärmel, 87 (91/97) M Vorderteil, 63 (65/71) M rechter Ärmel, 87 (91/97) M Rückenteil = 300 (312/336) Maschen. 2 (4/8) Runden glatt rechts in Kastanie stricken, dann mit der Rundstricknadel 5 mm die 46 Runden des Jacquardmusters arbeiten = 125 (130/140) Maschen. Danach noch 2 Runden glatt rechts in Kastanie stricken. Nun mit dem Nadelspiel 4 mm noch 20 cm = 54 Runden im Rippenmuster stricken, dabei in der 1. Runde gleichmäßig verteilt 5 (4/6) M abnehmen = 120 (126/134) Maschen. Dann die M abketten, wie sie erscheinen.

FERTIGSTELLUNG

Die Ärmel- und Seitennähte schließen.

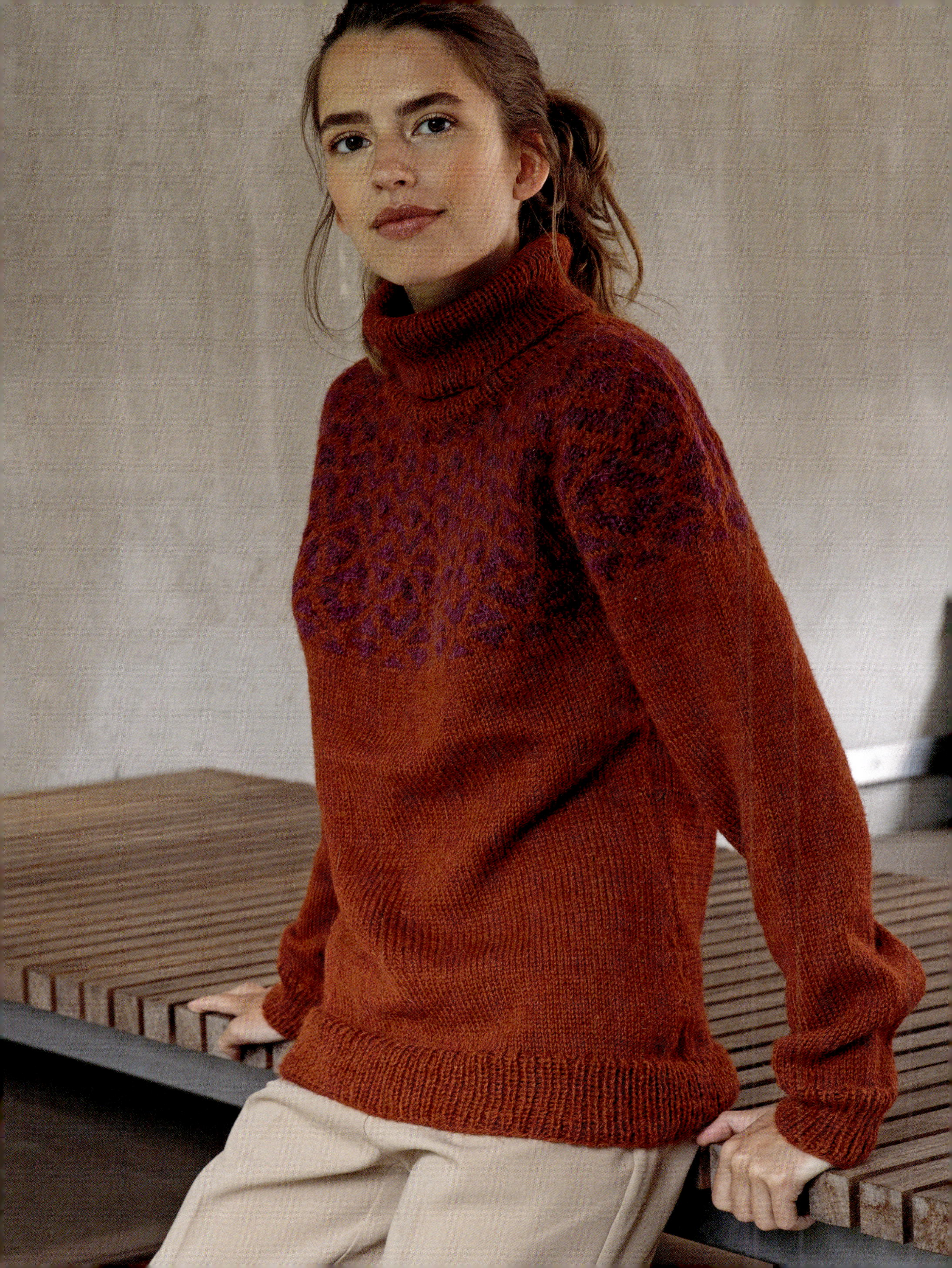

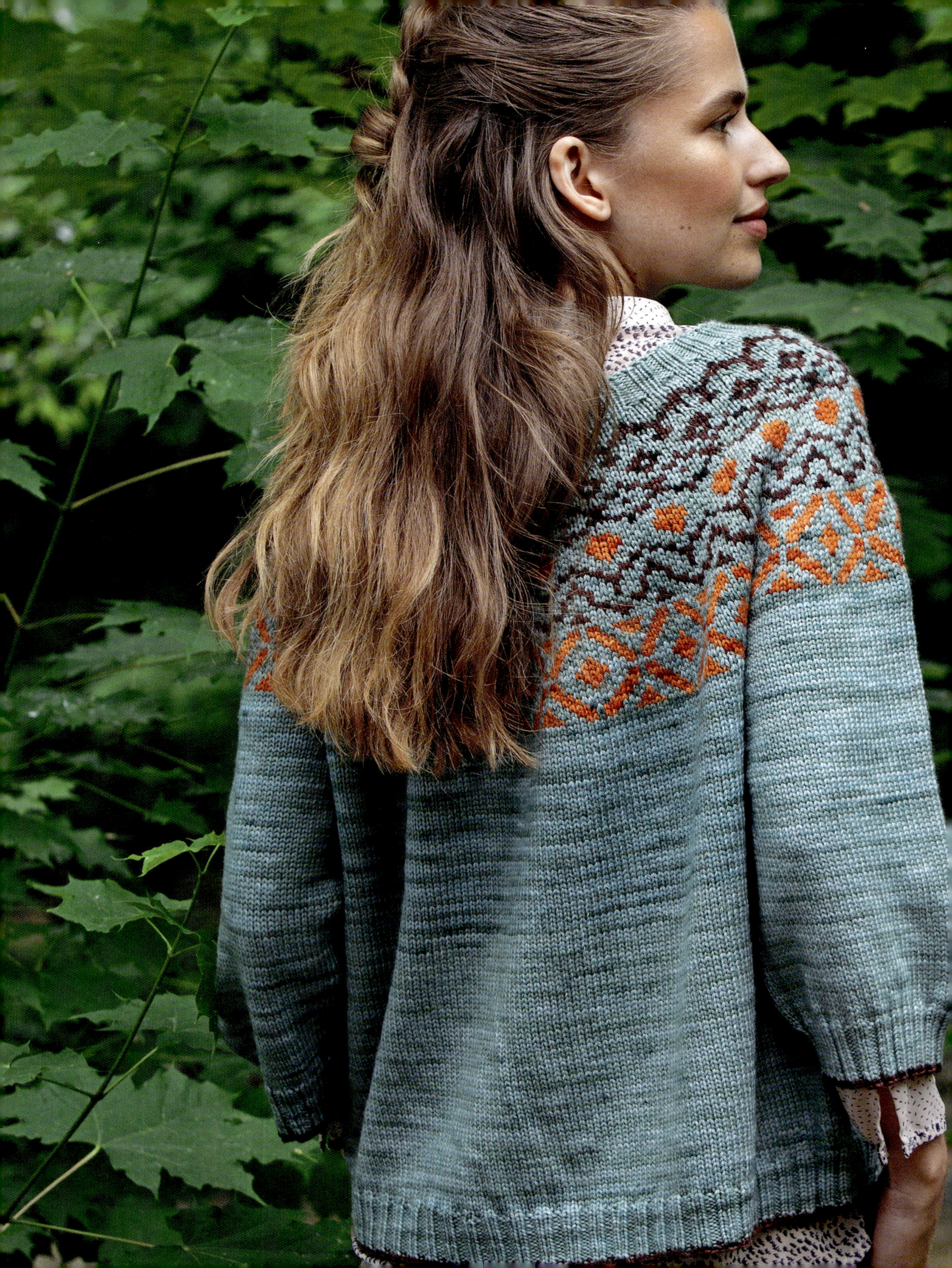

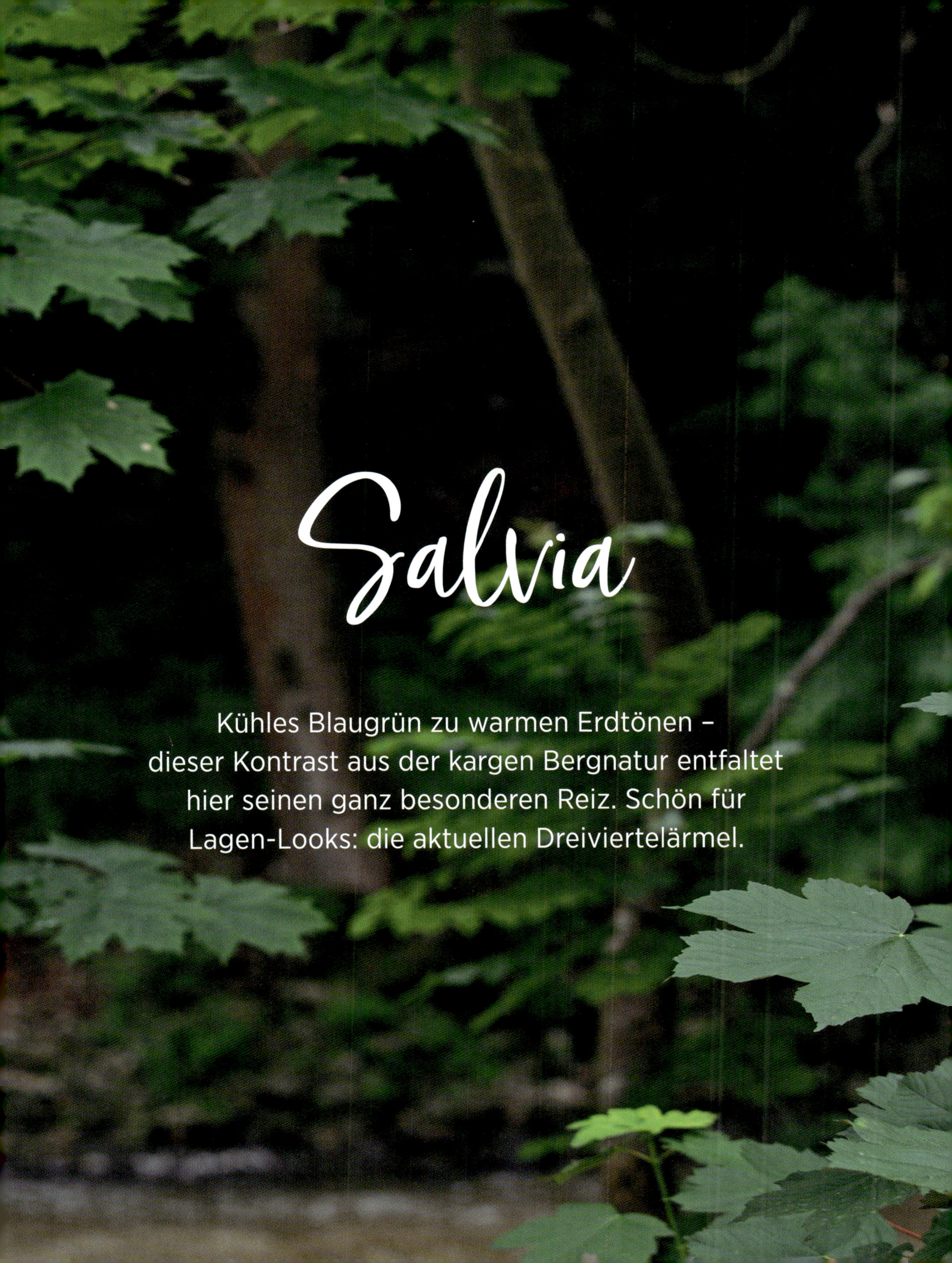

Salvia

Kühles Blaugrün zu warmen Erdtönen – dieser Kontrast aus der kargen Bergnatur entfaltet hier seinen ganz besonderen Reiz. Schön für Lagen-Looks: die aktuellen Dreiviertelärmel.

Salvia

Schwierigkeit:

GRÖẞE
36/38, 40/42 und 44/46
Die Angaben für die kleinste Größe stehen vor der Klammer, die für die beiden größeren Größen aufsteigend und von einem / getrennt in den Klammern. Wird nur eine Angabe gemacht, gilt diese für alle Größen.

MATERIAL
Merino DK (100 % Schurwolle, LL = 225 m/100 g) von Locoporella: 300 (400/500) g Salbei, je 100 g Fox und Chocolate; verschieden lange Rundstricknadeln 3 mm und 4 mm.

MUSTER
Rippenmuster
Gerade Maschenzahl. * 2 M links, 2 M rechts, ab * stets wiederholen.

Glatt rechts
In Runden immer rechte M stricken.

Jacquardmuster
Maschenzahl in der 1. Runde teilbar durch 6. Nach dem Zählmuster glatt rechts arbeiten. Es ist jede Runde gezeichnet.
1x die 1.–50. Runde arbeiten.

MASCHENPROBEN
Glatt rechts, mit Nadeln 4 mm:
22 Maschen und 32 Runden = 10 cm x 10 cm.
Jacquardmuster, mit Nadeln 4 mm:
24 Maschen und 28 Runden = 10 cm x 10 cm.
Die Maschenprobe von handgefärbten Garnen nach dem Waschen und Trocknen messen.

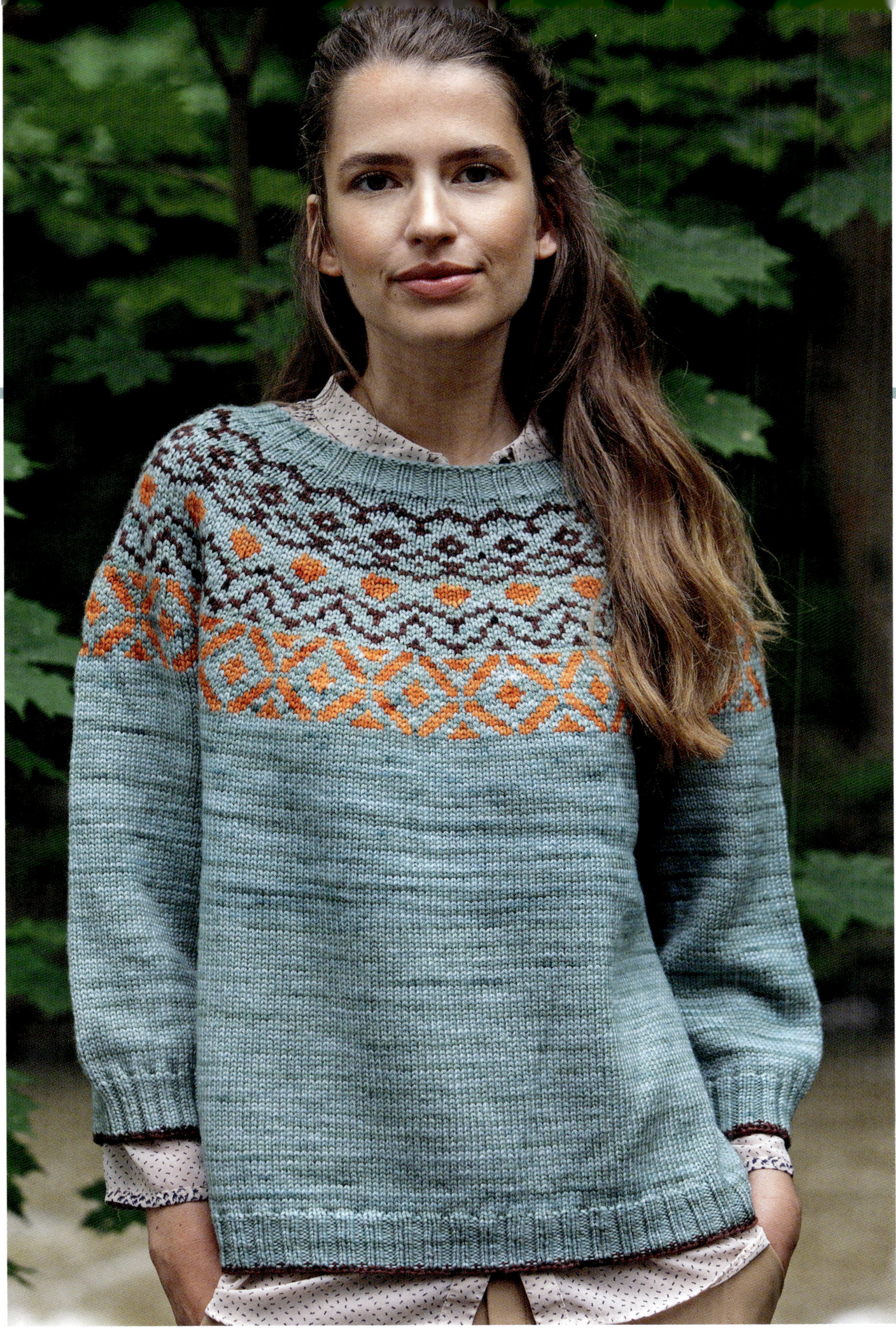

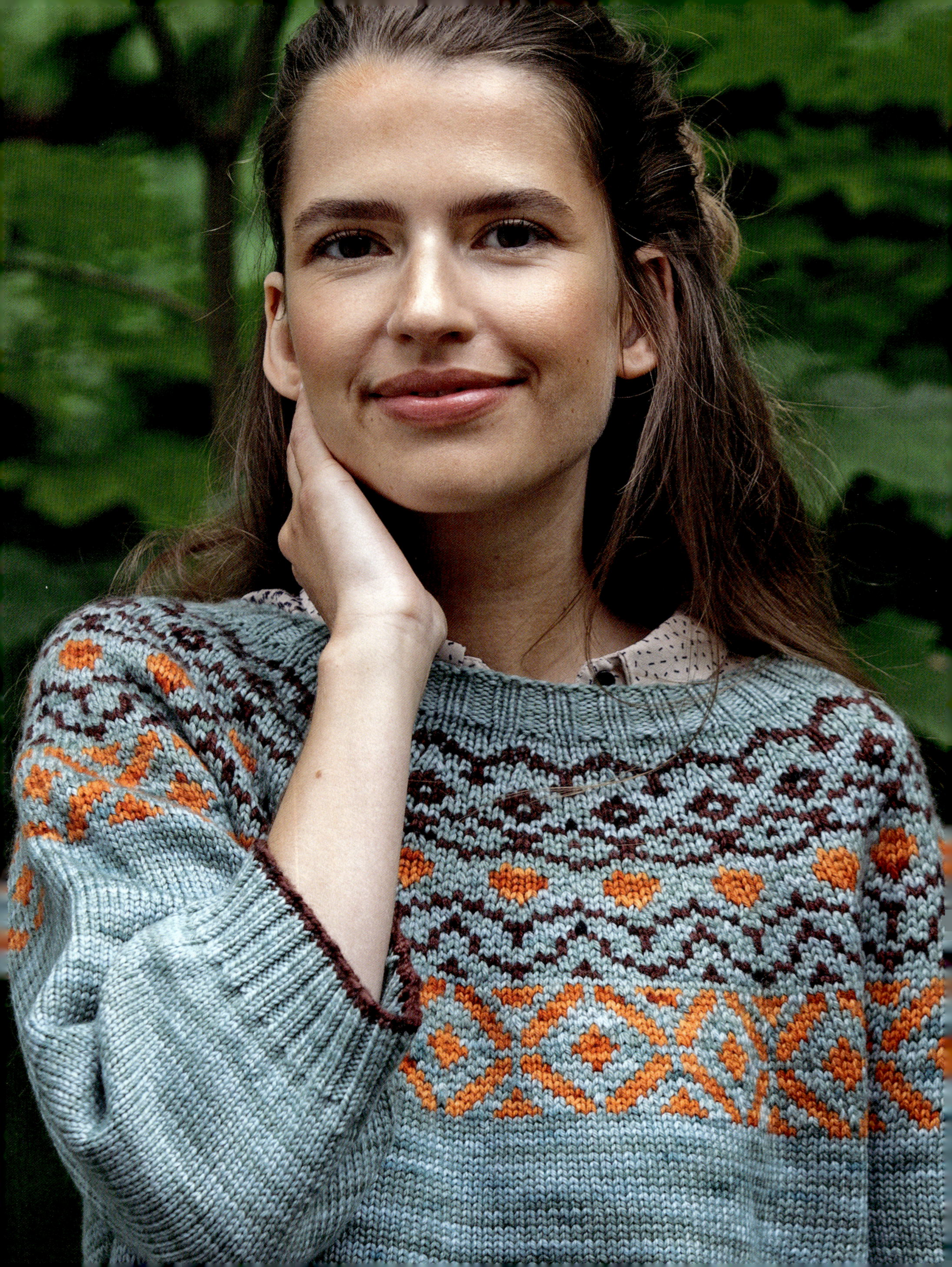

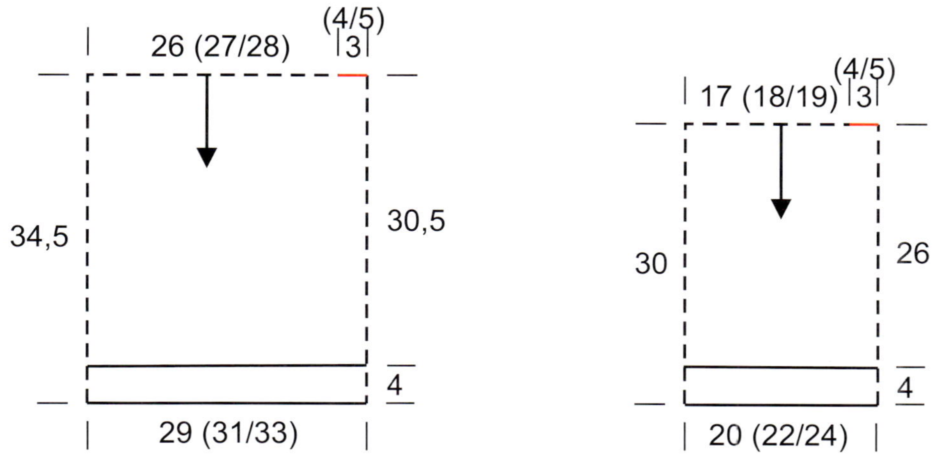

Die rote Linie markiert die Unterarmnaht.

SO WIRD'S GEMACHT

Den Pullover in einem Stück von oben nach unten in Runden stricken:
128 (136/148) M mit Nadel 3,5 mm in Salbei anschlagen, zur Runde schließen, den Rundenübergang markieren und für den Bund 3 cm = 10 Runden im Rippenmuster stricken. Dann mit Nadel 4 mm im Jacquardmuster weiterarbeiten, dabei in der 1. Runde gleichmäßig verteilt 10 (8/8) M zunehmen = 138 (144/156) Maschen. Nach den 50 Runden des Jacquardmusters sind 368 (384/416) M auf der Nadel. Danach noch 6 (12/18) Runden glatt rechts in Salbei stricken. Der Rundenanfang liegt zwischen Rückenteil und rechtem Ärmel. Dann die Arbeit in Salbei fertigstellen und dazu wie folgt teilen: 72 (76/84) M rechter Ärmel, 112 (116/124) M Vorderteil, 72 (76/84) M linker Ärmel, 112 (116/124) M Rückenteil.

Zuerst mit den je 112 (116/124) M stillgelegten M von **Vorderteil und Rückenteil** glatt rechts in Salbei weiterarbeiten, die M der Ärmel zunächst stilllegen: am Rundenbeginn 7 (9/11) M dazu anschlagen, die 112 (116/124) M des Vorderteils rechts stricken, 14 (18/22) M dazu anschlagen, 112 (116/124) M des Rückenteils rechts stricken und am Rundenende erneut 7 (9/11) M dazu anschlagen = 252 (268/292) Maschen. Den Rundenanfang markieren. Nach 30,5 cm ab Ende der Passe für den Bund noch 4 cm = 14 Runden mit der Rundstricknadel 3,5 mm im Rippenmuster stricken, dabei die letzte Runde in Chocolate arbeiten und die M abketten, wie sie erscheinen.

Nun mit den 72 (76/84) stillgelegten M des **linken Ärmels** weiterarbeiten: Am Rundenbeginn 7 (9/11) M dazu anschlagen, die 72 (76/84) M rechts stricken und am Run-

Zeichenerklärung

- = Salbei
- = Fox
- = Chocolate
- ● = 1 Masche aus dem Querfaden rechts verschränkt herausstricken

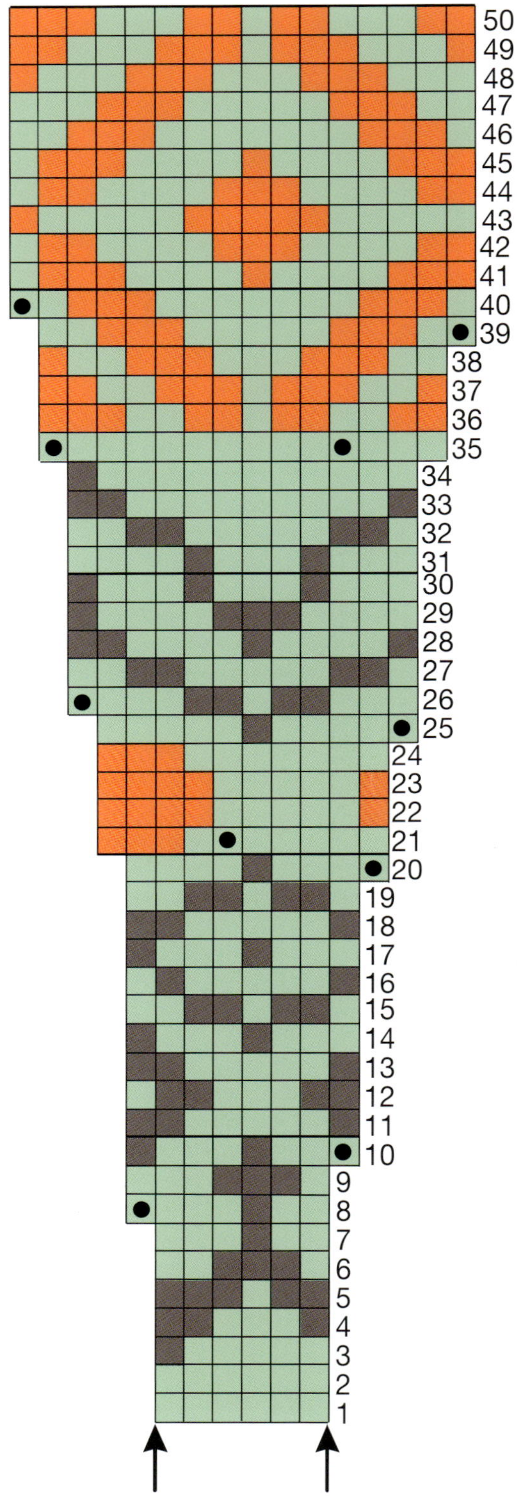

denende erneut 7 (9/11) M dazu anschlagen = 86 (94/106) Maschen. Mit Salbei glatt rechts in Runden weiterarbeiten. Den Rundenanfang markieren. Nach 26 cm ab Ende der Passe für den Bund noch 4 cm = 14 Runden mit der Rundstricknadel 3,5 mm im Rippenmuster stricken, dabei in der 1. Runde gleichmäßig verteilt 2 M abnehmen = 94 (92/104) M. Die letzte Runde in Chocolate arbeiten und die M abketten, wie sie erscheinen.

Den **rechten Ärmel** wie den linken beenden.

FERTIGSTELLUNG

Die Unterarmnähte schließen.

HINWEIS

Der Ärmel kann, wenn gewünscht, verlängert werden. Bitte beachten Sie, dass sich dadurch der Garnverbrauch erhöht!

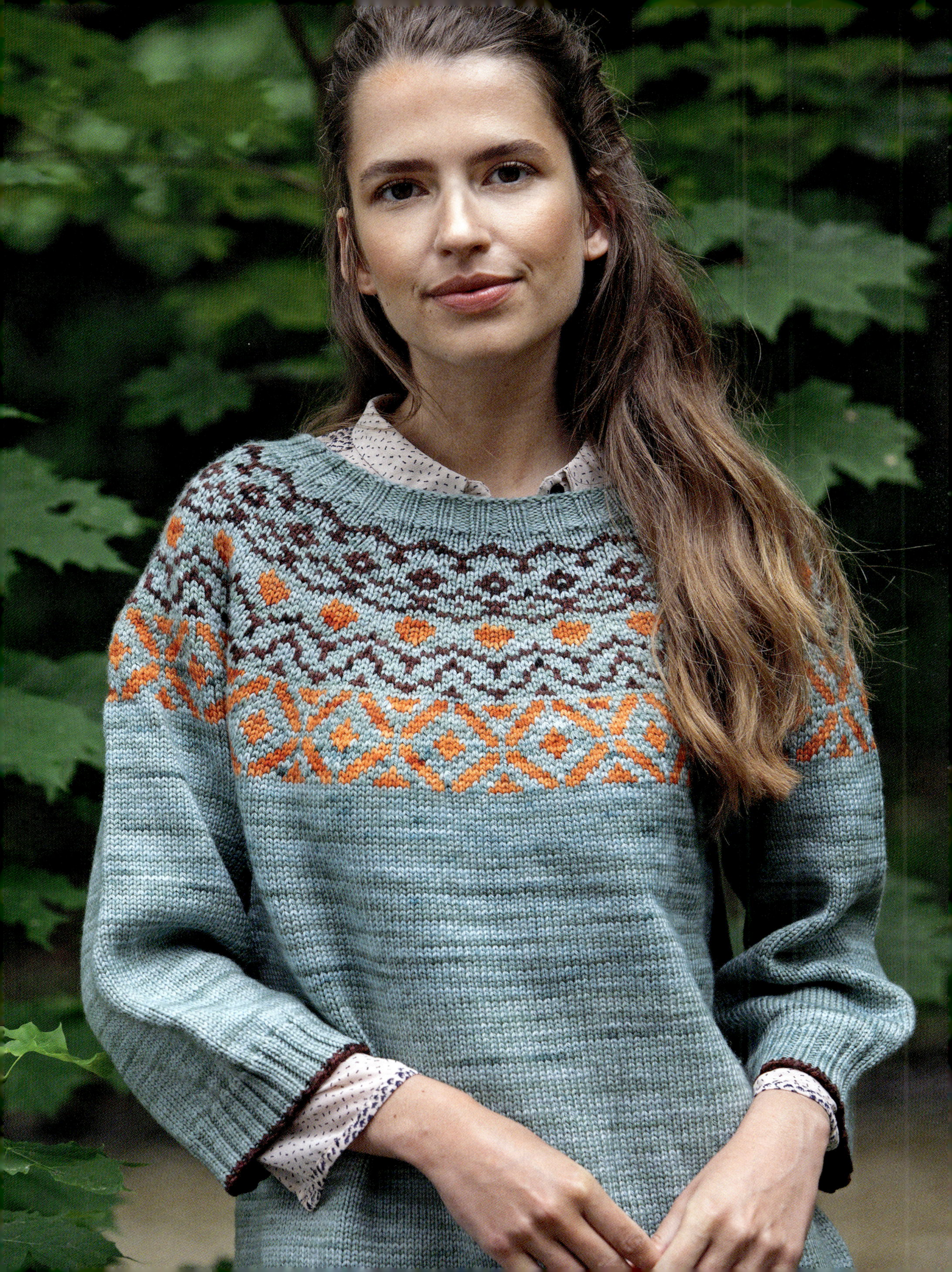

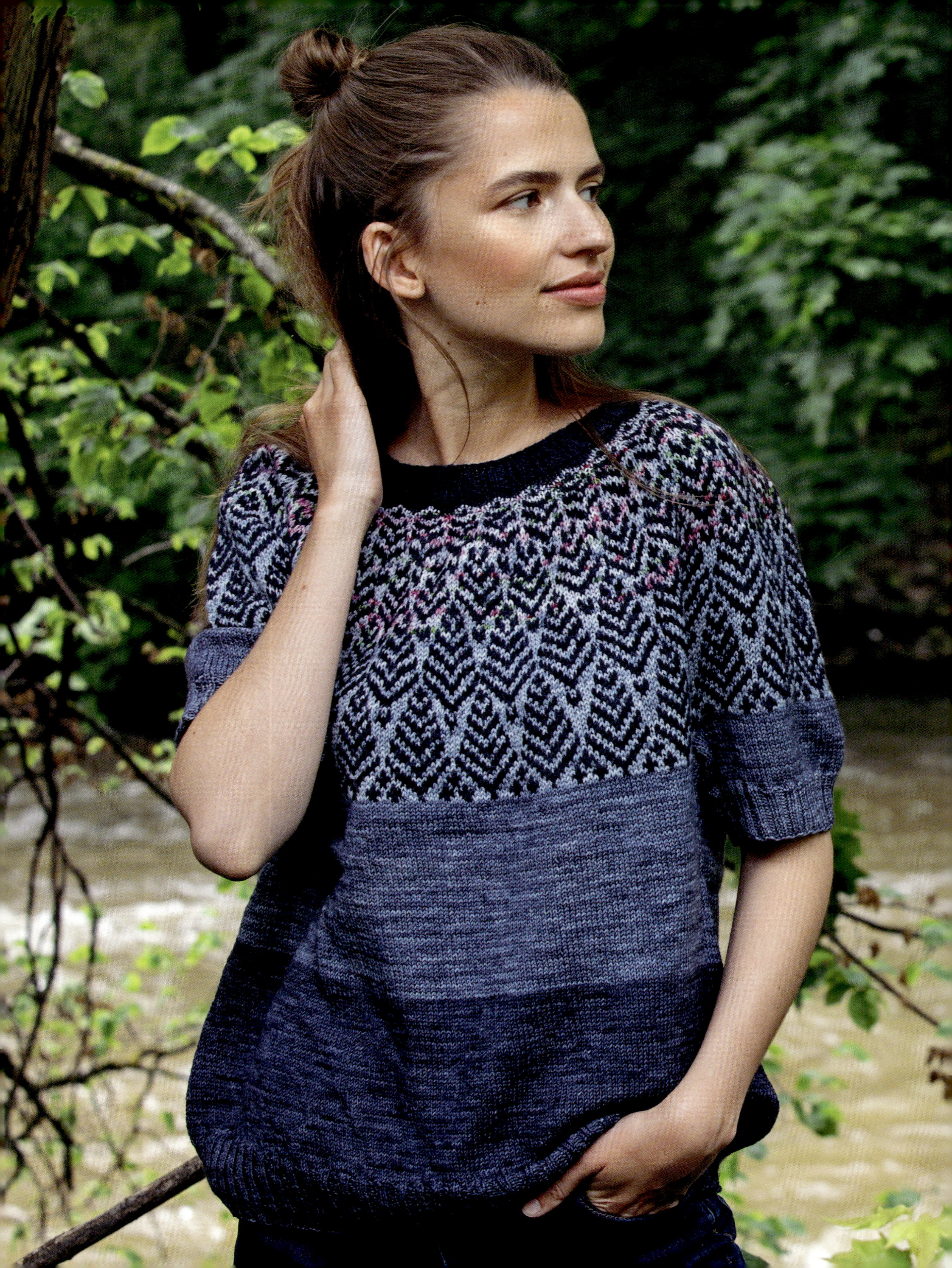

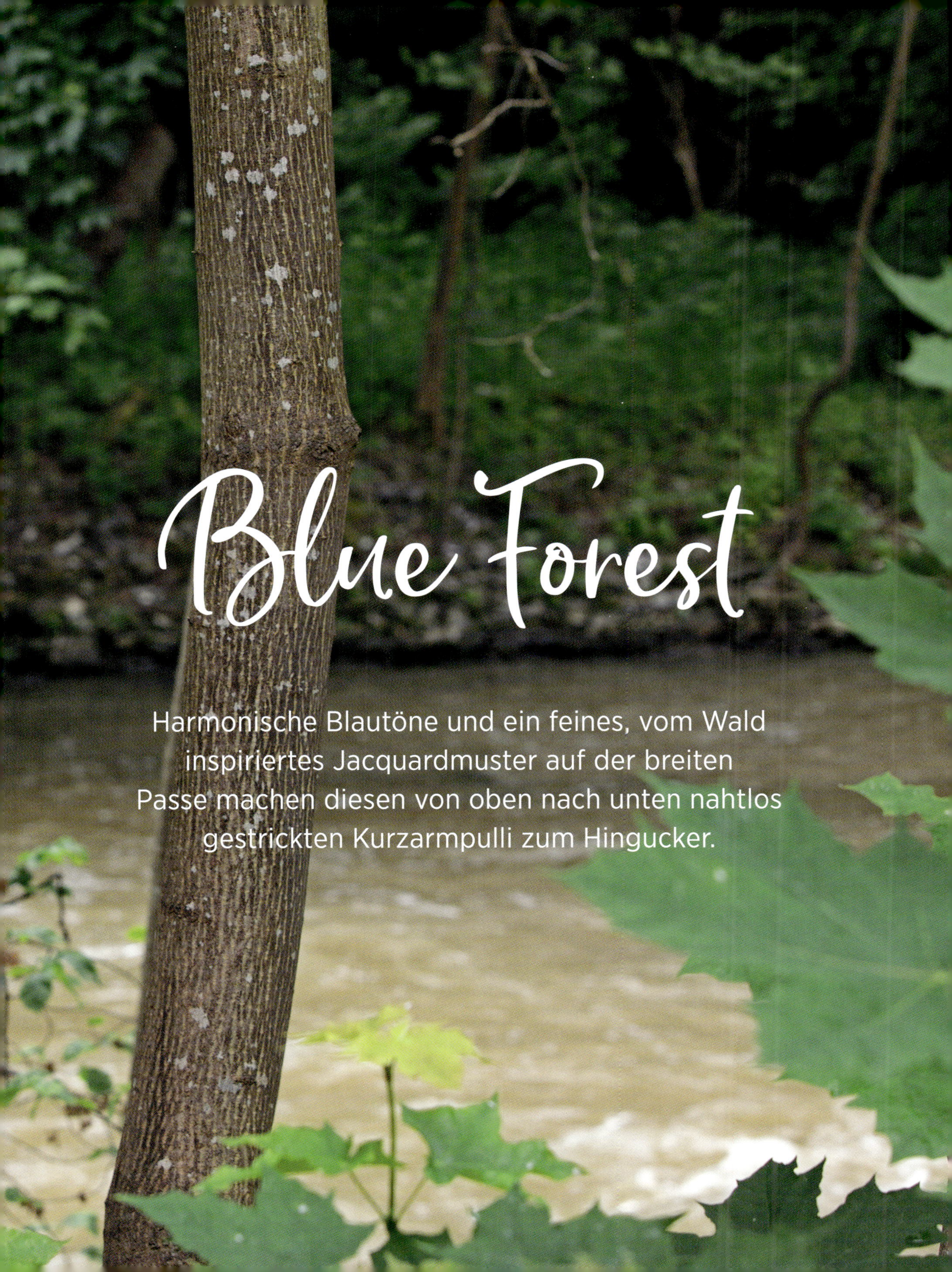

Blue Forest

Harmonische Blautöne und ein feines, vom Wald inspiriertes Jacquardmuster auf der breiten Passe machen diesen von oben nach unten nahtlos gestrickten Kurzarmpulli zum Hingucker.

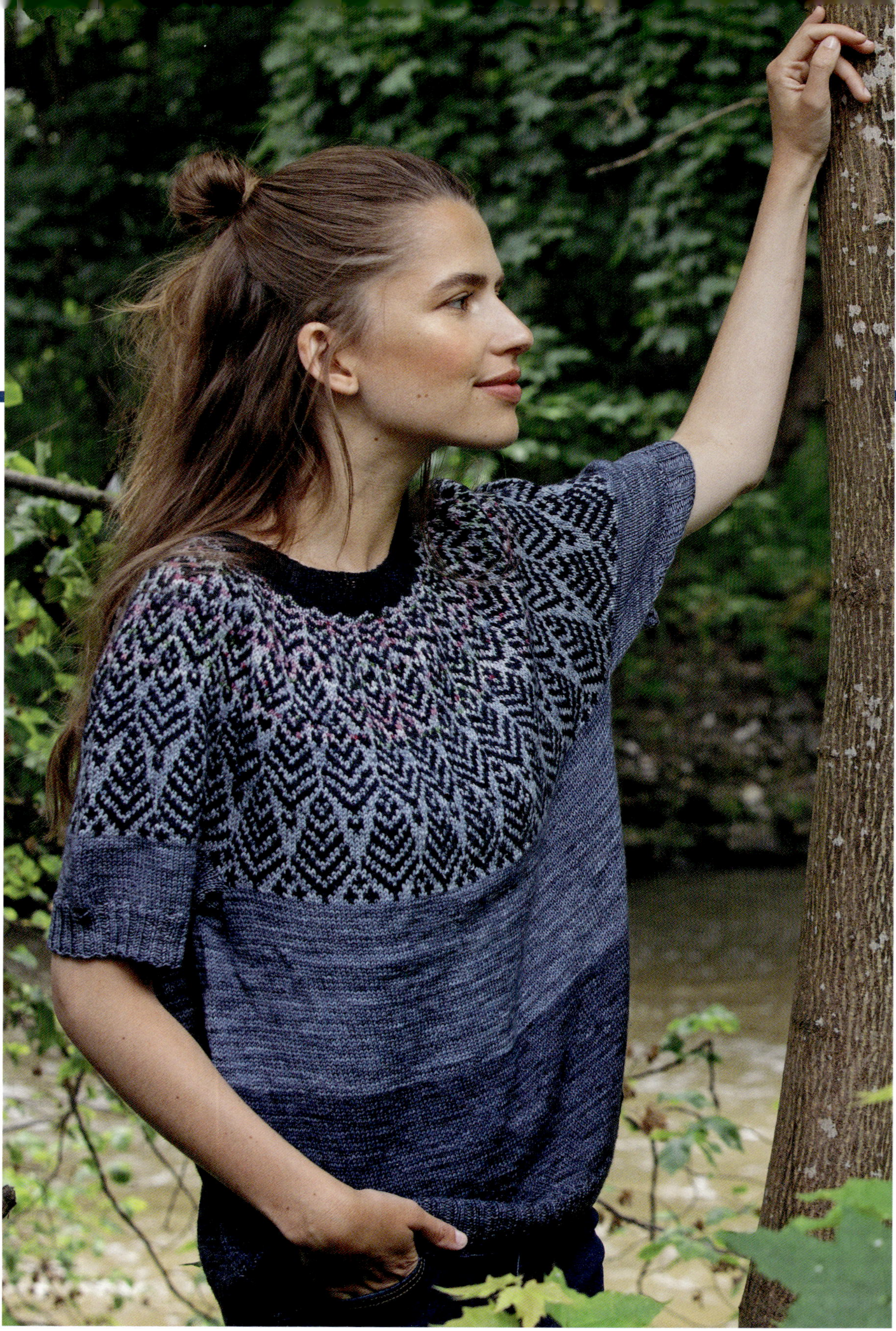

Blue Forest

Schwierigkeit: 2 von 3

GRÖßE

38/40, 42/44 und 46/48

Die Angaben für die kleinste Größe stehen vor der Klammer, die für die beiden größeren Größen aufsteigend und von einem / getrennt in den Klammern. Wird nur eine Angabe gemacht, gilt diese für alle Größen.

MATERIAL

Merino 4ply (100 % Schurwolle, LL = 400 m/100 g) von Locoporella: je 100 (200/200) g Tinte, 100 (200/200) g Neue Jeans, 100 (200/200) g Jeans und je 100 g Lieblingsjeans und Girlfriend; verschieden lange Rundstricknadeln 3 mm und 3,5 mm und ein Nadelspiel 3 mm und 3,5 mm.

MUSTER

Rippenmuster

Gerade Maschenzahl. * 2 M links, 2 M rechts, ab * stets wiederholen.

Glatt rechts

In Runden immer rechte M stricken.

Jacquardmuster

Maschenzahl in der 1. Runde teilbar durch 10. Nach dem Zählmuster glatt rechts arbeiten. Es ist jede Runde gezeichnet.
1x die 1.–42. Runde arbeiten.

Muster- und Farbfolge

70 Runden Jacquardmuster, dabei die ersten 35 Runden mit Girlfriend, die nächsten 35 Runden mit Lieblingsjeans als Hauptfarbe stricken. Dann glatt rechts zunächst 52 Runden in Jeans, dann 52 Runden in Neue Jeans stricken.

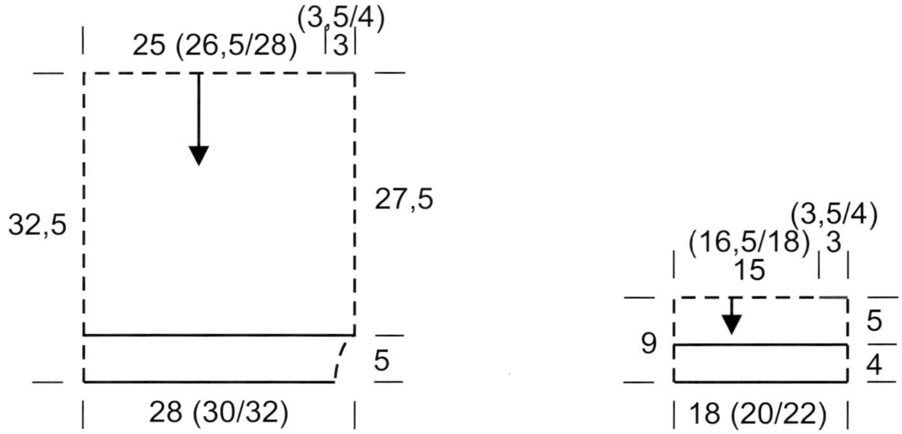

Die rote Linie markiert die Unterarmnaht.

MASCHENPROBEN

Glatt rechts, mit Nadeln 3,5 mm:
27 Maschen und 37 Runden = 10 cm x 10 cm.
Jacquardmuster:
28 Maschen und 29 Runden = 10 cm x 10 cm.
Die Maschenprobe von handgefärbten Garnen nach dem Waschen und Trocknen messen.

SO WIRD'S GEMACHT

Den Pullover in einem Stück von oben nach unten in Runden stricken:
148 (160/168) M mit Nadel 3 mm in Tinte anschlagen, zur Runde schließen, den Rundenübergang markieren und für den Kragen 3 cm = 12 Runden im Rippenmuster stricken. Dann mit Nadel 3,5 mm glatt rechts weiterarbeiten, dabei in der 1. Runde gleichmäßig verteilt 7 (5/7) M zunehmen = 155 (165/175) Maschen. Nach 2 (10/18) Runden ab Bund in der Muster- und Farbfolge weiterarbeiten = 434 (462/490) Maschen. Der Rundenanfang liegt zwischen Rückenteil und rechtem Ärmel. Nach den 70 Rd des Jacquardmusters die Arbeit wie folgt teilen: 82 (90/94) M rechter Ärmel, 135 (141/151) M Vorderteil, 82 (90/94) M linker Ärmel, 135 (141/151) M Rückenteil.

Die M der Ärmel stilllegen und zunächst mit den je 135 (141/151) M von **Vorderteil und Rückenteil** in der Muster- und Farbfolge weiterarbeiten: Am Rundenbeginn 8 (9/11) M dazu anschlagen, die 135 (141/151) M des Vorderteils rechts stricken, 16 (18/22) M dazu anschlagen, 135 (141/151) M des Rückenteils rechts stricken und am Rundenende erneut 8 (9/11) M dazu anschlagen = 302 (318/346) Maschen.

Zeichenerklärung

☐ = Hauptfarbe

■ = Tinte

⦿ = 1 Masche aus dem Querfaden rechts verschränkt herausstricken

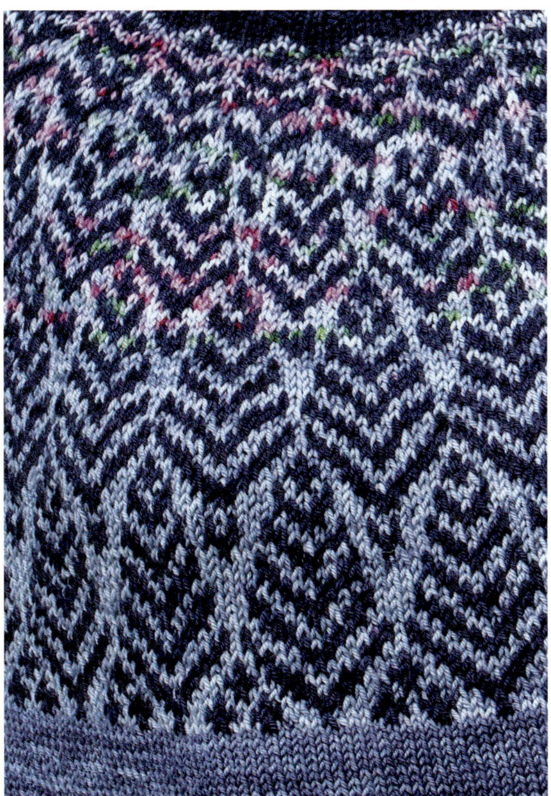

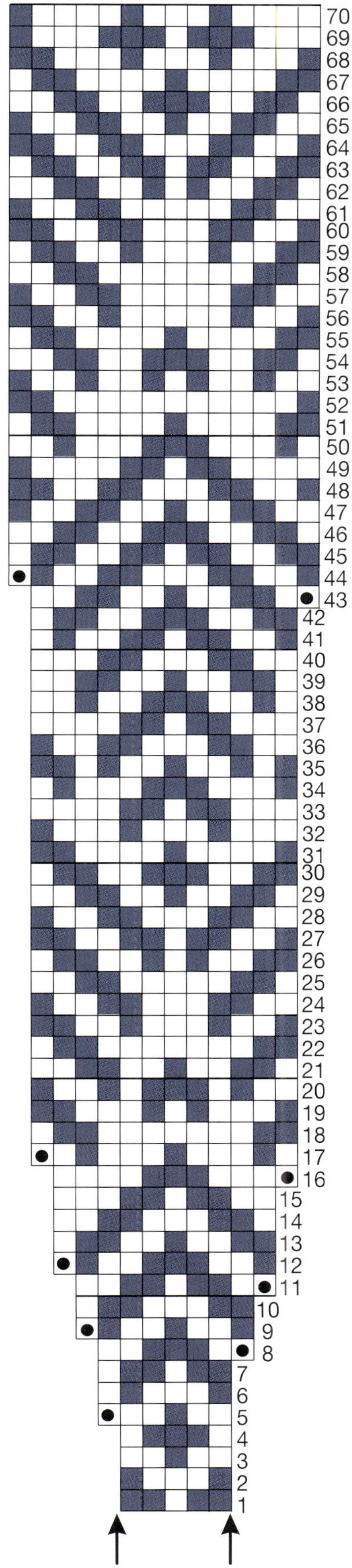

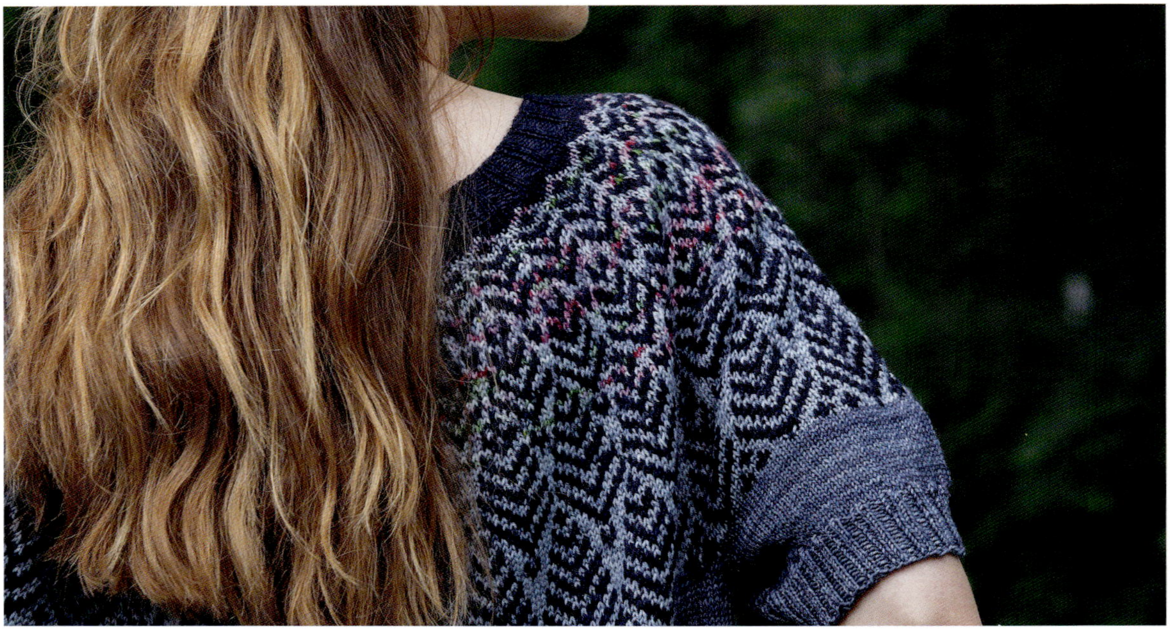

Weiter glatt rechts in Runden stricken. Den Rundenanfang markieren. Nach 27,5 cm ab Ende der Passe für den Bund noch 5 cm = 22 Runden mit der Rundstricknadel 3 mm im Rippenmuster in Neue Jeans stricken, dabei in der 1. Runde gleichmäßig verteilt 22 M abnehmen = 280 (296/324) Maschen. Dann die M abketten, wie sie erscheinen.

Nun mit den 82 (90/94) stillgelegten M des **linken Ärmels** in Jeans weiterarbeiten = 82 (90/94) Maschen. Am Rundenbeginn 8 (9/12) M dazu anschlagen, die 82 (90/94) M rechts stricken und am Rundenende erneut 8 (9/12) M dazu anschlagen = 98 (108/118) Maschen. Glatt rechts in Runden die Muster- und Farbfolge weiterarbeiten. Den Rundenanfang markieren. Nach 5 cm ab Ende der Passe für den Bund noch 4 cm = 15 Runden im Rippenmuster stricken, dabei in der 1. Runde gleichmäßig verteilt 2 (0/2) M abnehmen = 96 (108/116) Maschen. Dann die M abketten, wie sie erscheinen.
Den **rechten Ärmel** wie den linken beenden.

FERTIGSTELLUNG

Die Unterarmnähte schließen.

HINWEIS

Die Ärmel können, wenn gewünscht, auch verlängert werden. Bitte beachten Sie, dass sich dadurch der Garnverbrauch erhöht!

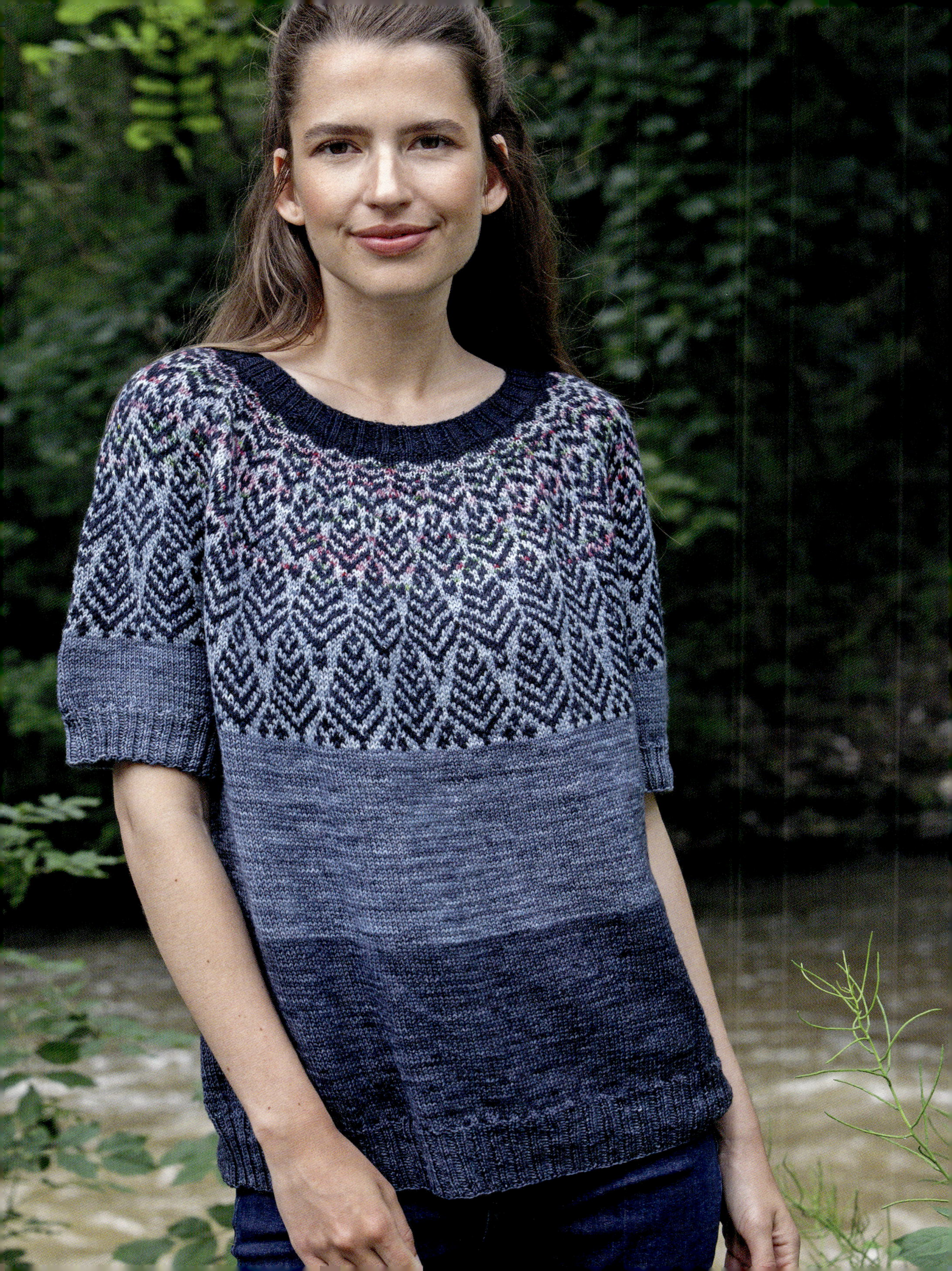

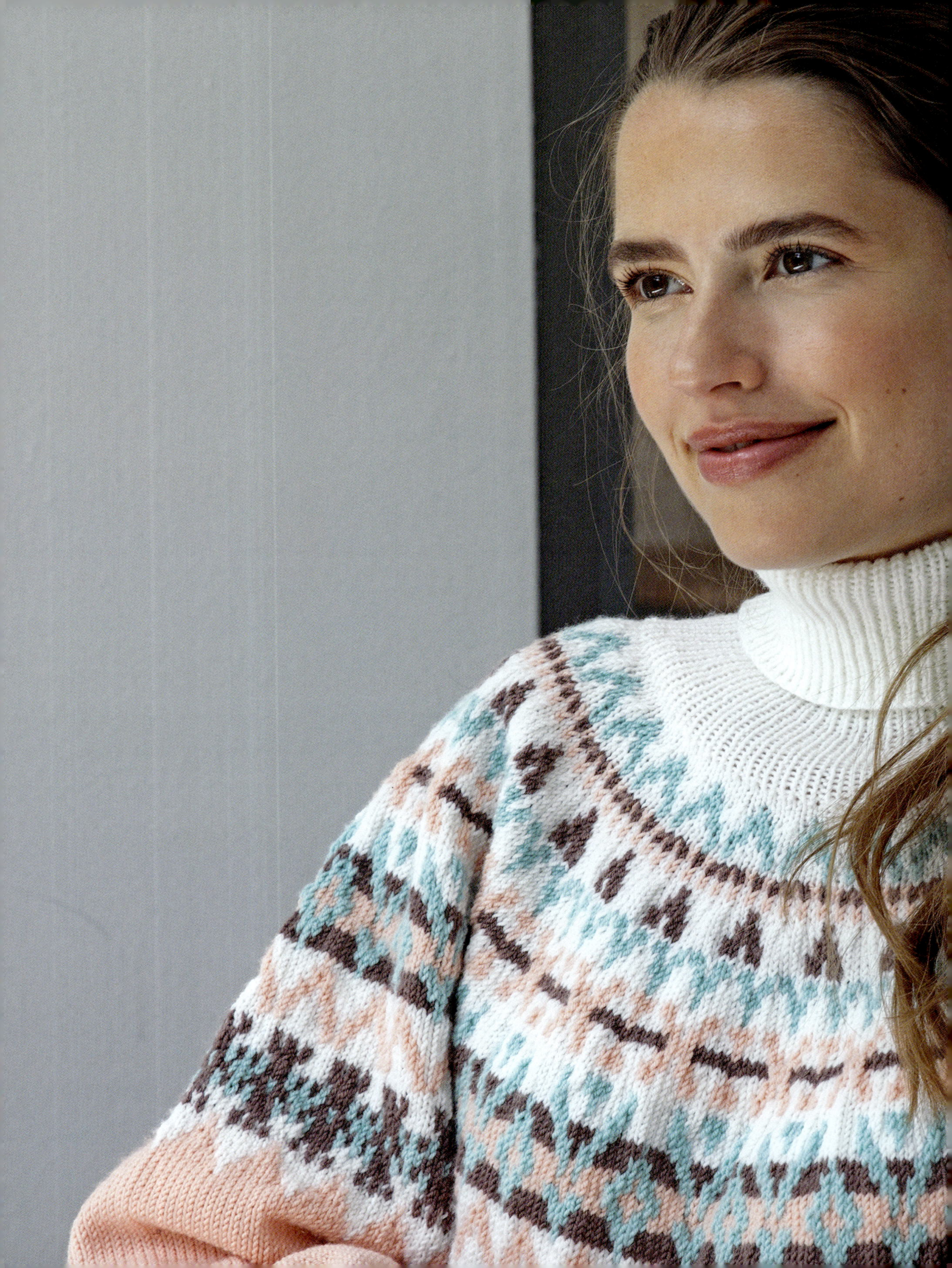

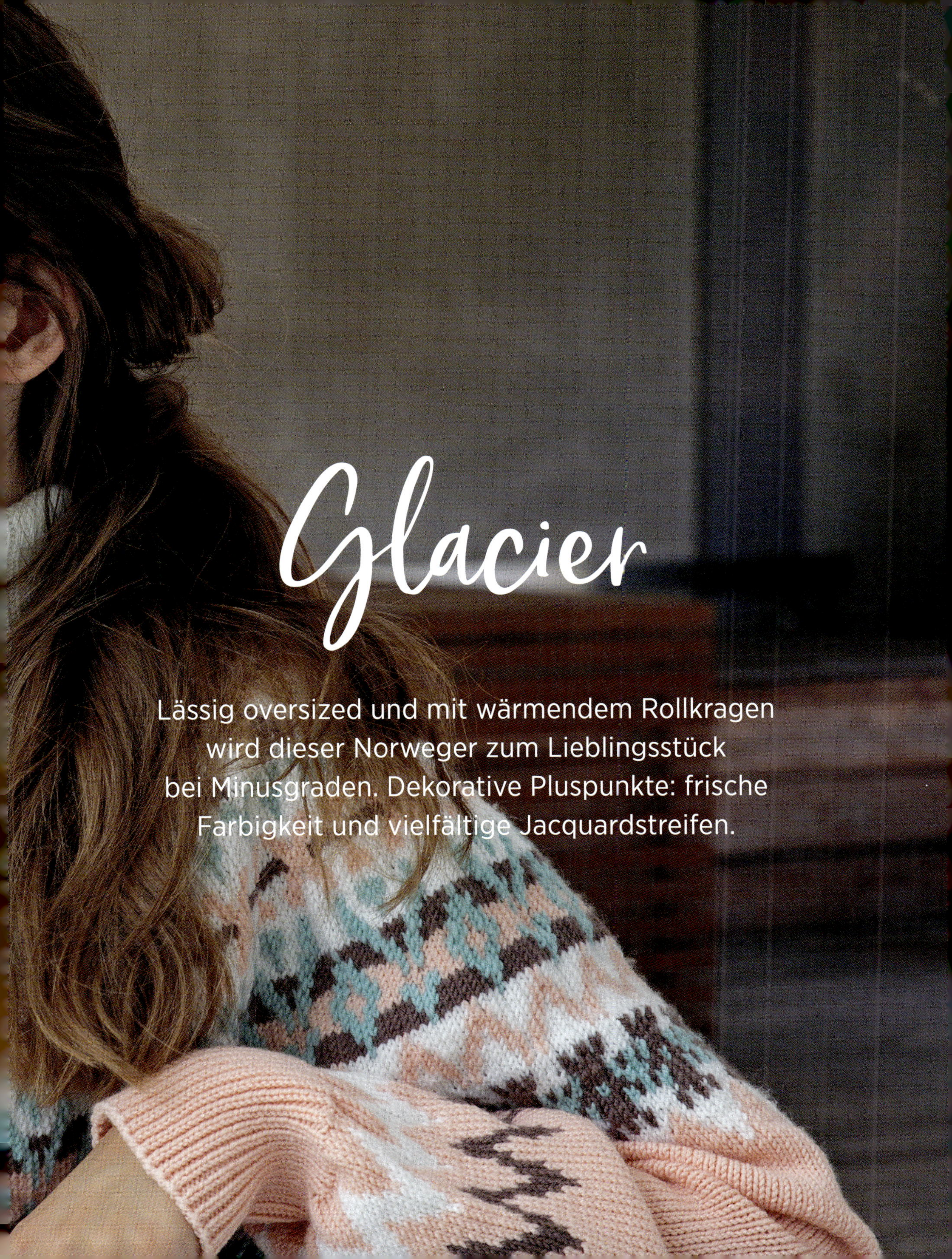

Glacier

Lässig oversized und mit wärmendem Rollkragen wird dieser Norweger zum Lieblingsstück bei Minusgraden. Dekorative Pluspunkte: frische Farbigkeit und vielfältige Jacquardstreifen.

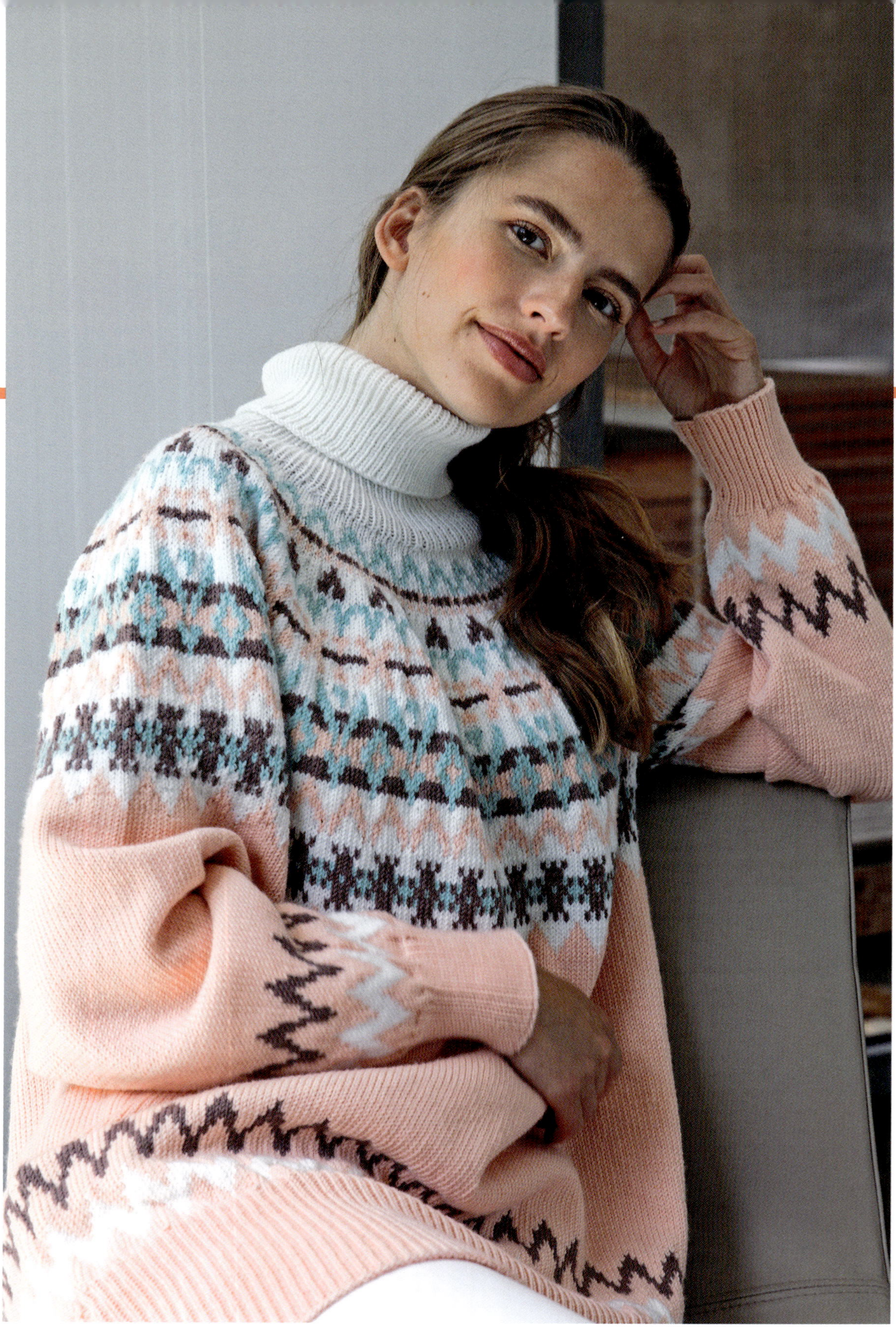

Glacier

Schwierigkeit:

GRÖßE

36–40 und 42–46

Die Angaben für die kleinere Größe stehen vor der Klammer, die für die größere Größe in den Klammern. Wird nur eine Angabe gemacht, gilt diese für alle Größen.

MATERIAL

Life Style (100 % Schurwolle, LL = 155 m/50 g) von Schoppel: 500 (550/600) g Lachs (Fb 830), je 100 (150/150) g Weiß (Fb 990) und Tundra (Fb 7571) und 50 g Glacier (Fb 6643); Stricknadeln 3 mm und 3,5 mm, verschieden lange Rundstricknadeln 3 mm und 3,5 mm.

MUSTER

Rippenmuster

Gerade Maschenzahl.

1. Reihe (Rückreihe): Randm, * 1 M links, 1 M rechts, ab * stets wiederholen, Randm.

2. Reihe (Hinreihe): Randm, * 1 M rechts, 1 M links, ab * stets wiederholen, Randm.

Die 1. und 2. Reihe stets wiederholen.

Glatt rechts

In Hinreihen rechte M, in Rückreihen linke M stricken; In Runden immer rechte M stricken.

Jacquardmuster A

Maschenzahl teilbar durch 8.

Nach dem Zählmuster A glatt rechts arbeiten. In den Hinreihen mit 1 Randm beginnen, den gezeichneten Rapport von 8 Maschen zwischen den Pfeilen stets wiederholen und mit 1 Randm enden. Es sind nur die Hinreihen gezeichnet; in den Rückreihen die M in den Farben stricken, wie sie erscheinen. 1x die 1.–32. Runde arbeiten.

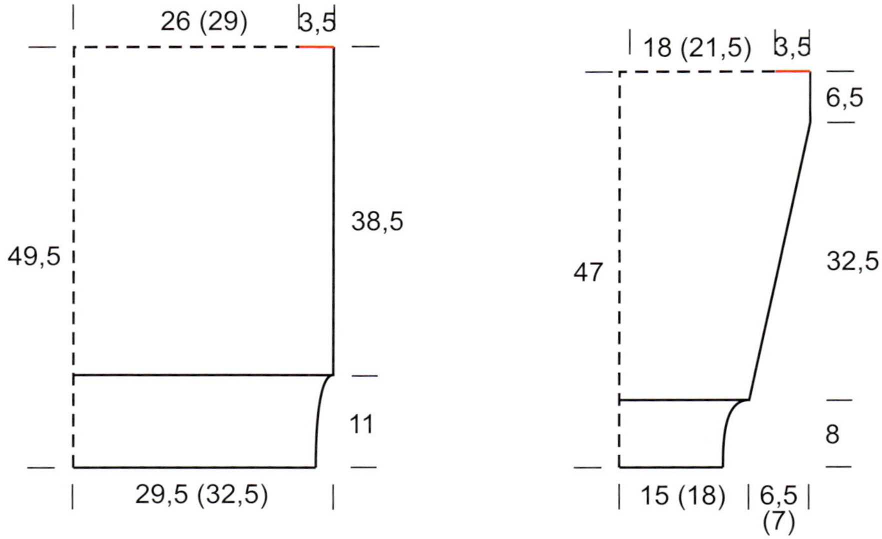

Die rote Linie markiert die Unterarmnaht.

Jacquardmuster B

Maschenzahl in der 1.–38. Reihe teilbar durch 8 (+ 2 Randm für Hin- und Rückreihen), in der 39. Runde teilbar durch 16. Nach dem Zählmuster B glatt rechts arbeiten. Beim Stricken in Reihen: in den Hinreihen mit 1 Randm beginnen, den Rapport von 8 bzw. 16 M zwischen den Pfeilen stets wiederholen und mit 1 Randm enden. Beim Stricken in Runden den Rapport innerhalb der Runde stets wiederholen. Es sind nur Hinreihen / ungerade Runden gezeichnet; in den Rückreihen / geraden Runden die M in den Farben stricken, wie sie erscheinen. Welcher Abschnitt in Reihen oder in Runden gestrickt wird, wird in der Anleitung beschrieben.

1x die 1.–96. Reihe/Runde arbeiten.

MASCHENPROBEN

Glatt rechts, mit Nadeln 3,5 mm:
27 Maschen und 36 Reihen = 10 cm x 10 cm.
Jacquardmuster, mit Nadeln 3,5 mm:
28,5 Maschen und 36 Runden
= 10 cm x 10 cm.

SO WIRD'S GEMACHT

Rückenteil: 142 (158) M mit Nadeln 3 mm in Lachs anschlagen und für den Bund 11 cm = 42 Reihen im Rippenmuster stricken, dabei mit 1 Rückreihe beginnen. Dann mit Nadeln 3,5 mm glatt rechts weiterarbeiten, dabei in der 1. Reihe (= Rückreihe) gleichmäßig verteilt 20 M zunehmen = 162 (178) Maschen und ab der nächsten Reihe (= Hinreihe) 32 Reihen im Jacquardmuster A stricken. Danach glatt rechts in Lachs weiterarbeiten. In 43 cm Gesamthöhe das Jacquardmuster B in Hin- und Rückreihen stricken, dabei zu Beginn der 23. und 24. Reihe jeweils die

Zeichenerklärung

- ☐ = Weiß
- ☐ = Lachs
- ☐ = Glacier
- ☐ = Tundra
- ⧅ = 2 Maschen rechts überzogen zusammenstricken (= 1 Masche wie zum Rechtsstricken abheben, 1 Masche rechts stricken, dann die abgehobene Masche überziehen)

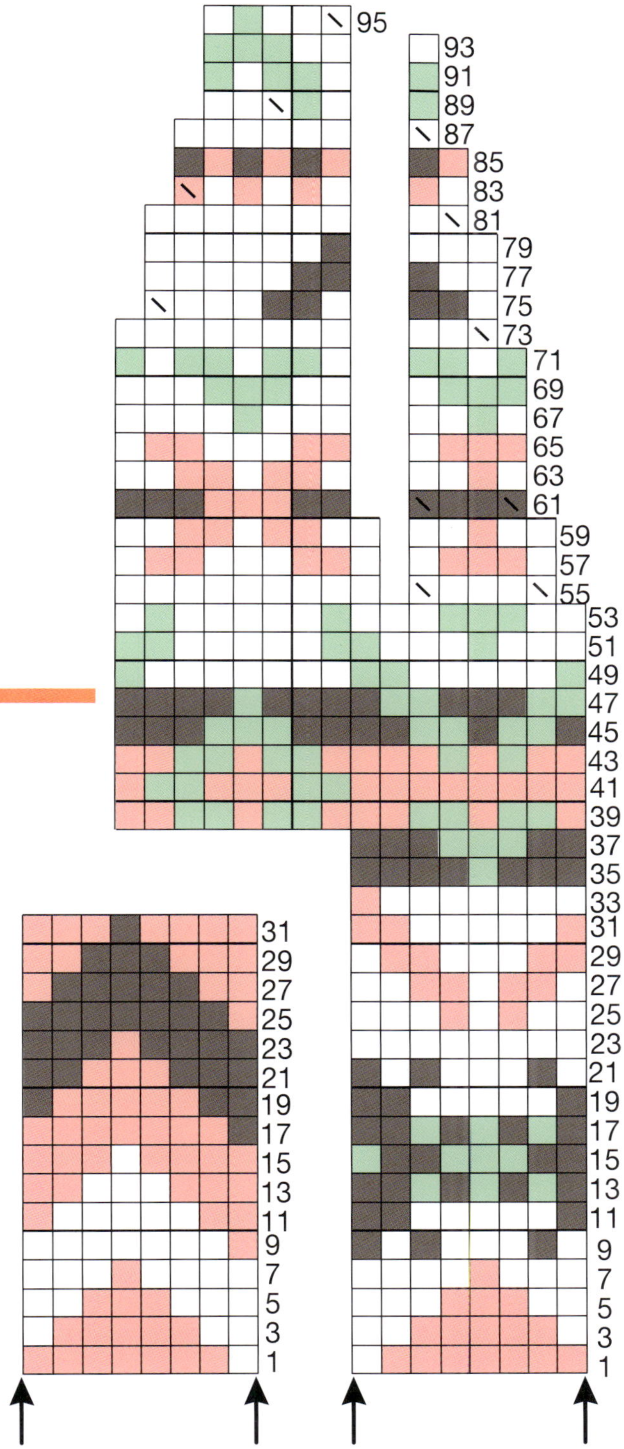

A B

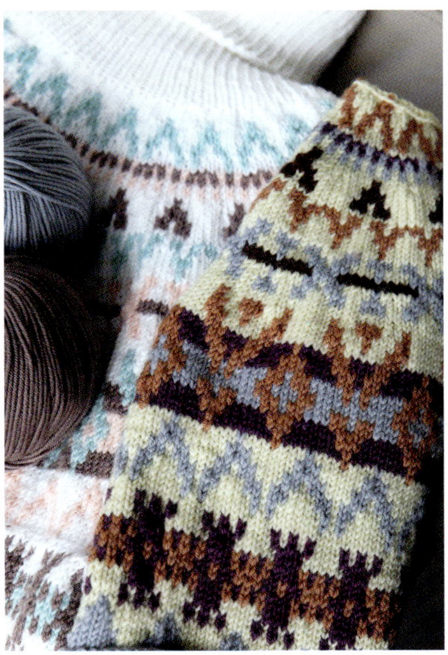

Kontrastreich oder Ton-in-Ton, zart oder knallig, zwei- oder mehrfarbig – je nach Farben wirkt ein und dasselbe Norwegermuster immer wieder neu und überraschend.

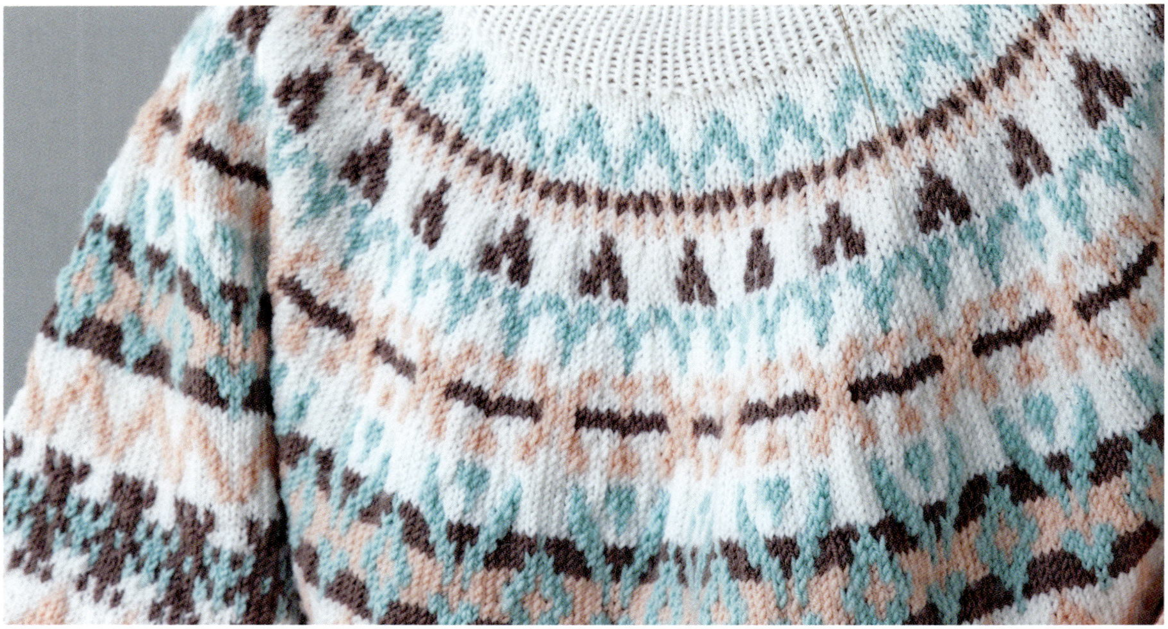

ersten 9 M abketten = 144 (160) Maschen. Dann die M stilllegen.

Vorderteil: Wie das Rückenteil stricken.

Ärmel: 72 (82) M mit Nadeln 3 mm in Lachs anschlagen und für den Bund 8 cm = 28 Reihen im Rippenmuster stricken, dabei mit 1 Rückreihe beginnen. Dann mit Nadeln 3,5 mm glatt rechts weiterarbeiten, dabei in der 1. Reihe (= Rückreihe) gleichmäßig verteilt 10 (16) M zunehmen = 82 (98) Maschen und ab der nächsten Reihe 32 Reihen im Jacquardmuster A stricken. Danach glatt rechts in Lachs weiterarbeiten. Gleichzeitig für die Ärmelschrägen beidseitig 18x in jeder 6. Reihe und 2x in jeder 4. Reihe je 1 M zunehmen = 122 (138) Maschen. In 40,5 cm Gesamthöhe das Jacquardmuster B in Hin- und Rückreihen stricken, dabei zu Beginn der 23. und 24. Reihe jeweils die ersten 9 M abketten = 104 (120) Maschen. Dann alle M stilllegen.
Den **2. Ärmel** ebenso arbeiten.

Passe: Nun die M aller Teile auf eine Rundstricknadel 4,5 mm nehmen: 104 (120) M linker Ärmel, 144 (160) M Vorderteil, 104 (120) M rechter Ärmel, 144 (160) M Rückenteil = 496 (560) Maschen. Das Jacquardmuster B fortsetzen = 155 (175) Maschen. Nachdem alle Reihen/Runden des Jacquardmusters B gearbeitet wurden, noch 4 (12) Runden glatt rechts in Weiß stricken. Dann mit der Rundstricknadel 3 mm noch 20 cm = 74 Runden im Rippenmuster stricken, dabei in der 1. Runde gleichmäßig verteilt 9 (19) M abnehmen = 146 (156) Maschen. Die M abketten, wie sie erscheinen.

FERTIGSTELLUNG

Die Ärmel- und Seitennähte schließen.

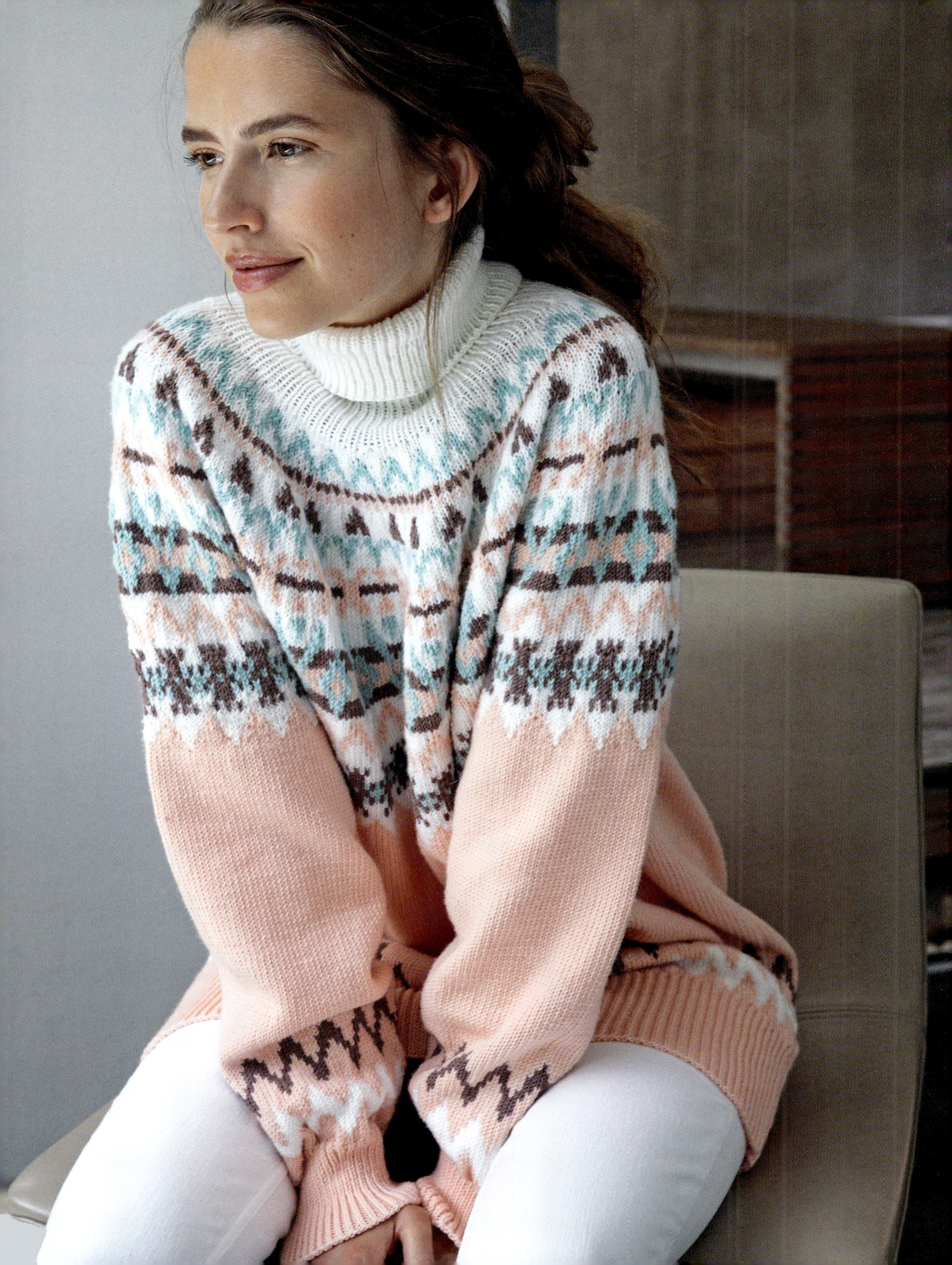

Grundkurs

JACQUARDTECHNIK

Jacquardmuster werden mit mindestens zwei Farben in einer Reihe gearbeitet. Sie sind auch als Einstrick- oder Norwegermuster bekannt und werden fast immer glatt rechts gestrickt: In den Hinreihen werden rechte Maschen, in den Rückreihen linke Maschen gestrickt, die beiden Fäden verlaufen dabei immer auf der Rückseite der Arbeit. Die Randmaschen werden stets mit beiden Fäden gestrickt. Beim Arbeiten in Runden wird immer nur rechts gestrickt, die Fäden liegen dabei hinter der Arbeit.

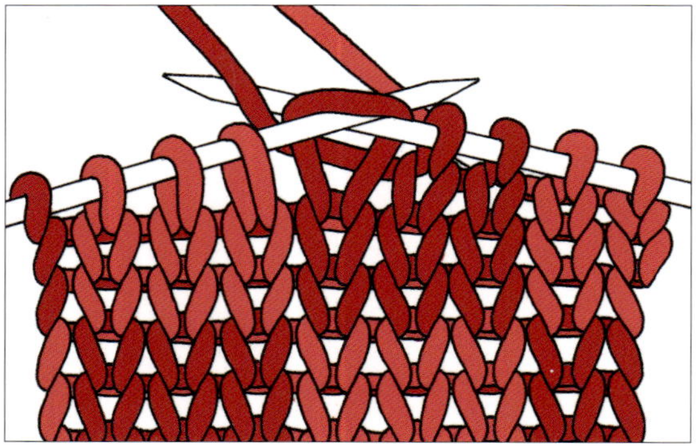

1 In den Hinreihen beide Fäden hinter der Arbeit halten und je nach Muster mit dem vorderen …

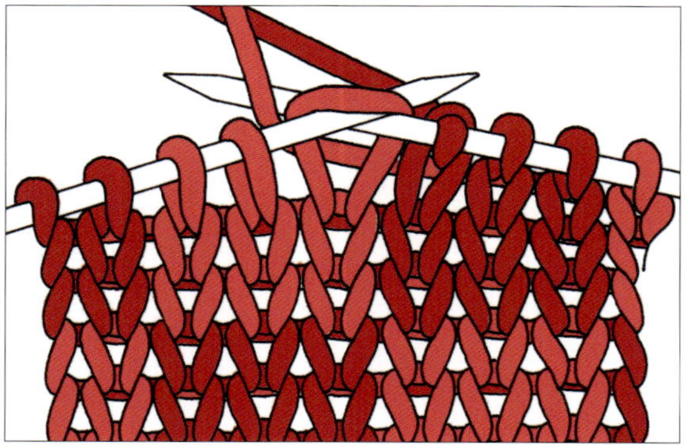

2 … oder mit dem hinteren Faden stricken.

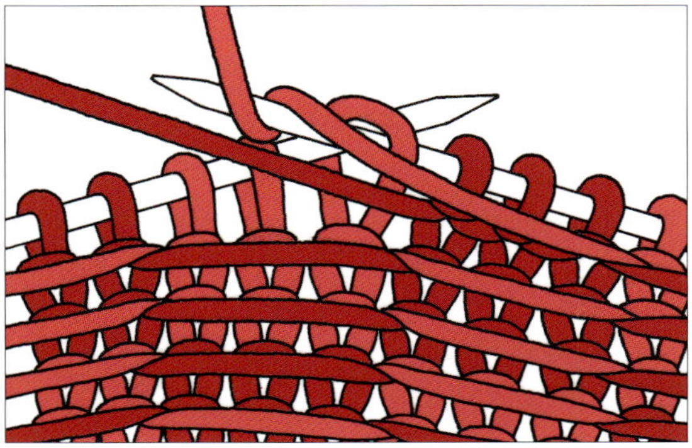

3 In den Rückreihen beide Fäden vor der Arbeit halten und je nach Muster mit dem vorderen …

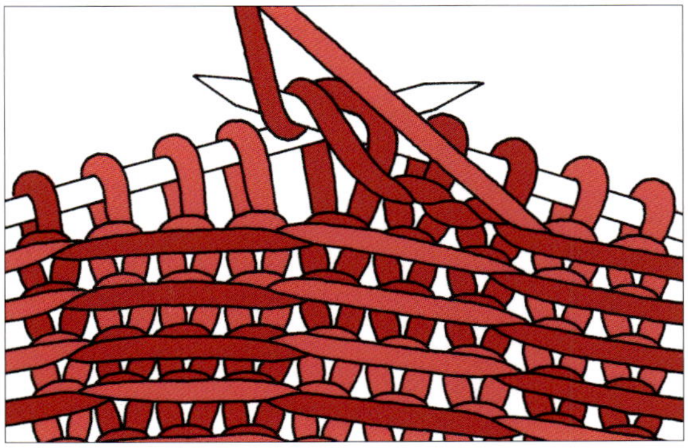

4 … oder mit dem hinteren Faden stricken.

Die Fadenspannung

Der nicht benutzte Faden wird auf der Rückseite der Arbeit mitgeführt. Er darf nicht zu stark gespannt werden, da sich das Strickstück sonst zusammenzieht. Er sollte aber auch nicht zu locker sein. Bei jedem Farbwechsel zuerst nur eine Masche in der neuen Farbe stricken, dann die Maschen der rechten Nadel in die richtige Breite schieben und dabei die Länge des Spannfadens korrigieren.

Spannfäden

Werden die Spannfäden in Jacquardtechnik auf der Rückseite so geführt, dass der Faden einer Farbe stets unter dem der anderen Farbe liegt, tritt diese Farbe im Maschenbild auf der Vorderseite stärker hervor als die des oberen Spannfadens. Auf der Rückseite der Arbeit zeigt sich zudem das Muster der Vorderseite mit vertauschten Farben.

DIE MASCHENPROBE

Damit das Strickstück später dieselben Maße wie in der Anleitung hat, muss die eigene Maschenprobe mit der dort angegebenen übereinstimmen. Um dies vor dem Stricken zu überprüfen, zunächst eine ca. 12 cm x 12 cm große Strickprobe anfertigen und nachzählen: Hat die Probe auf einer Länge von 10 cm mehr Maschen bzw. Reihen als in der Maschenprobe angegeben, dickere Nadeln verwenden, hat sie weniger Maschen, mit dünneren Nadeln stricken.

Bei Jacquardmustern fallen die Maschen höher aus als bei einfarbigen Mustern. Es werden also weniger Reihen für die gleiche Höhe benötigt. Wie groß der Unterschied zu einfarbigen Mustern ist, hängt von der Dichte des Musters ab. Wenn in jeder Reihe zweifarbig und außerdem sehr kleine Muster gestrickt werden, kann die Maschenhöhe sogar fast der Maschenbreite entsprechen.

Je nach Anzahl an Farbwechseln und der eigenen Stricktechnik kann die Maschenbreite von Jacquardmuster dagegen mit der von einfarbig gestrickten Mustern fast übereinstimmen. Soll von einfarbig glatt rechts Gestricktem zu einem Jacquardmuster gewechselt werden oder umgekehrt, wie man es bei Norwegerpullovern häufig findet, können alle Musterbereiche mit derselben Maschenzahl gearbeitet werden. Bei Rapporten mit vielen kleinen Farbwechseln kann die Maschenprobe in der Weite aber auch leicht abweichen, dann muss die Maschenzahl in der Weite durch Zu- oder Abnahmen entsprechend angepasst werden.

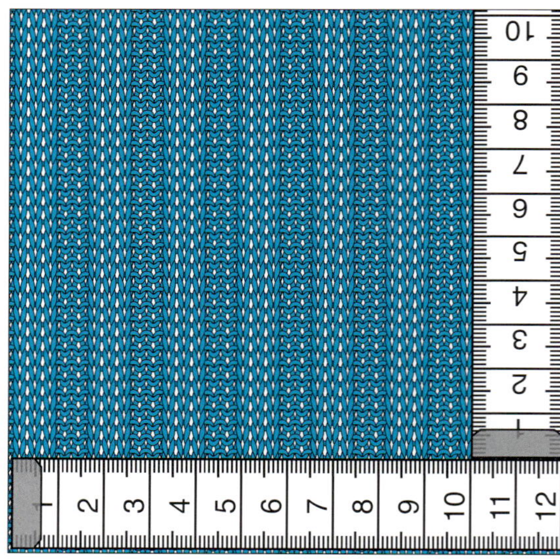

DAS LESEN VON ZÄHLMUSTERN

In der Regel werden Jacquardmuster glatt rechts, also in Hinreihen mit rechten Maschen und in Rückreihen mit linken Maschen gestrickt. In Runden werden alle Maschen rechts gestrickt.

Notiert werden Jacquardmuster dazu durch 2- oder mehrfarbige Zählmuster. Jedes Kästchen stellt dabei eine in der notierten Farbe gestrickte glatt rechte Masche dar. Oft stimmt die Farbe des Kästchens mit der zu verwendenden Garnfarbe überein. Jede der gezeichneten Farben lässt sich aber auch nach eigenem Belieben durch eine andere Farbe ersetzen. In der Zeichenerklärung wird die genaue Zuordnung der Garnfarbe zur notierten Farbe im Zählmuster noch einmal aufgelistet.

TIPP: Möchten Sie eine oder mehrere Farben anders wählen als im vorgestellten Modell, sollten Sie sich diese neben der Zeichenerklärung notieren, um beim Stricken nicht durcheinander zu geraten!

In Zählmustern sind die Reihenzahlen der Hinreihen auf der rechten, die der Rückreihen auf der linken Seite notiert. Sie werden genauso gelesen wie gestrickt wird: Hinreihen werden von rechts nach links, Rückreihen von links nach rechts gelesen. Sind nur die Hinreihen gezeichnet, werden die Maschen in den Rückreihen farblich genauso gestrickt wie in den Hinreihen. Beim Stricken in Runden wird häufig nur jede 2. Runde notiert, alle Rundenziffern stehen auf der rechten Seite des Zählmusters. In den nicht notierten Zwischenrunden werden alle Maschen in derselben Farbe der jeweiligen Vorrunde gestrickt.

Bei Norwegerpassen werden die Maschen der Rapporte innerhalb einer Runde stets wiederholt. Durch Zu- oder Abnahmen ändert sich die Maschenzahl der Rapporte dabei. Dadurch formt sich die Rundung über die Schultern aus.

FÄDEN EINWEBEN

Etwas lockerer kann ein Jacquardmuster ausfallen, wenn der nicht benötigte Faden auf der Rückseite nicht gespannt, sondern entweder von Zeit zu Zeit oder auch durchgehend eingewebt wird. Damit der eingewebte Faden das Maschenbild nicht stört oder die Farben der Web- bzw. Spannfäden nach vorn nicht durchscheinen, muss der Webfaden immer relativ fest angezogen werden. Dabei beim Stricken immer dieselbe Farbe vorn am Zeigefinger führen, nur dann lassen sich die Schritte nach den Zeichnungen genau nachvollziehen. Hier liegt jeweils der hellere Faden vorne, der dunklere hinten.

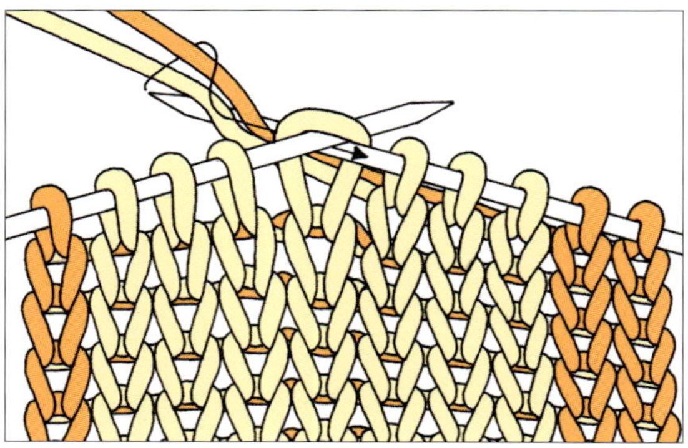

1 In der Hinreihe den vorderen Faden zunächst einmal wie gewohnt stricken, dann die rechte Nadel in die Masche einstechen, die Nadelspitze über beide Fäden nach hinten führen, von unten nach oben den vorderen Faden erfassen und über den hinteren Faden hinweg nach vorn und durch die Masche ziehen.

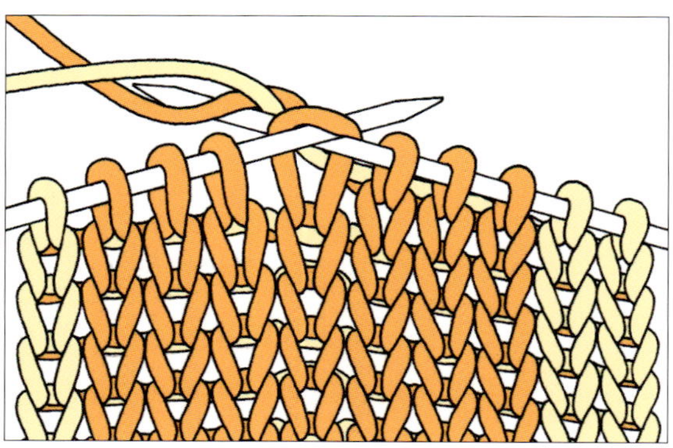

2 Den hinteren Faden einmal wie gewohnt stricken und einmal den Faden unter dem vorderen Faden hinweg erfassen.

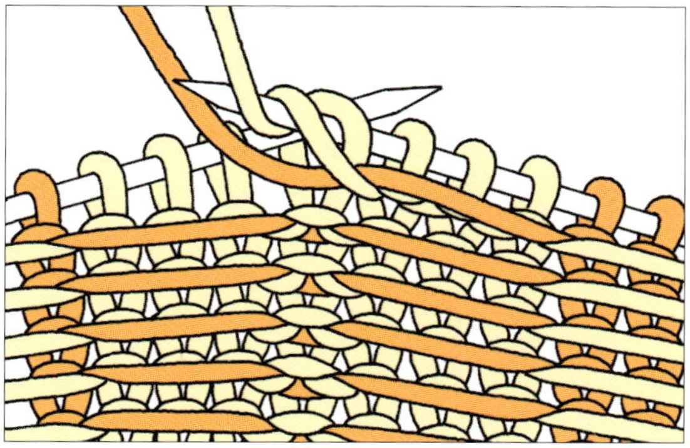

3 In der Rückreihe den vorderen Faden einmal wie gewohnt stricken und einmal über den hinteren Faden hinweg erfassen.

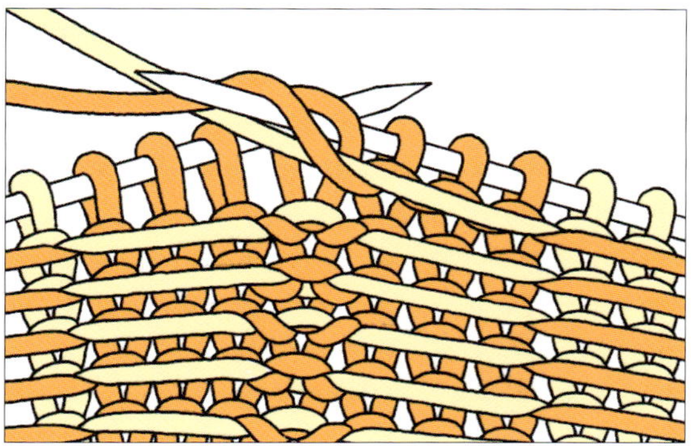

4 Den hinteren Faden einmal wie gewohnt stricken und einmal mit der rechten Nadel in die Masche einstechen, mit der Nadelspitze von vorn über den vorderen Faden hinweg von oben nach unten den hinteren Faden erfassen und über den vorderen Faden nach vorn und durch die Masche ziehen.

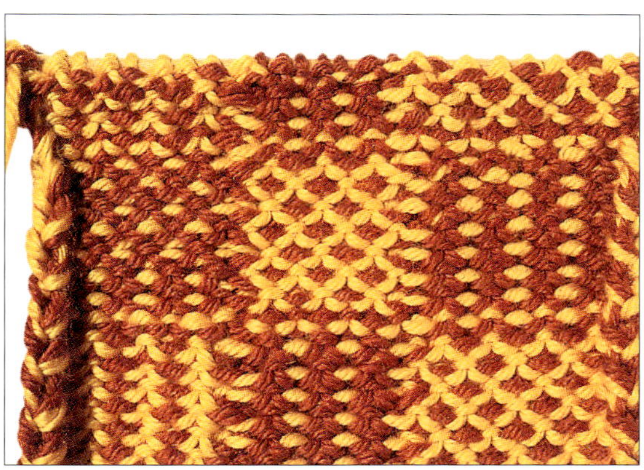

Die Ansicht von eingewebten Spannfäden auf der Rückseite.

EINWEBEN VON FADENENDEN

Muss ein neues Knäuel angesetzt werden, entstehen Fadenenden, die sich beim Rundstricken nicht wie beim Stricken in Hin- und Rückreihen am Reihenende in einer Naht verstecken lassen. Das zudem lästige Vernähen von Fadenenden lässt sich umgehen, indem die Fadenenden beim Ansetzen eines neuen Knäuels gleich beim Stricken mit eingewebt werden. Dabei sollte stets auf eine mäßige Spannung des Strickfadens geachtet werden, da sich die Maschen sonst leicht verziehen.

Die Technik entspricht der des Einwebens von Fäden beim mehrfarbigen Stricken. Der Restfaden sollte noch gut 50 cm lang sein. Während nun auf einer Länge von ca. 10 cm weiterhin mit dem Restfaden gestrickt wird, wird der neue Faden mit eingewebt, indem er immer abwechselnd mal über und mal unter den Strickfaden gelegt wird. Dann auf den neuen Faden wechseln und das Ende des Restfadens auf gleiche Weise ebenfalls auf einer Länge von ca. 10 cm einweben. Anschließend wird mit dem neuen Faden weitergearbeitet und das überstehende Ende des Restfadens abgeschnitten.

DIE FADENHALTUNG

Werden 2 Farben innerhalb einer Reihe oder Runde verwendet, lassen sich diese oftmals noch gut wie üblich auf dem linken Zeigefinger halten. Manche stricken jedoch lieber mit nur einem Faden über dem Zeigefinger und nehmen bei jedem Farbwechsel die neue Farbe auf, während die nicht verwendete Farbe auf der Rückseite der Arbeit lose heraushängt.

Im Handel gibt es auch spezielle Strickfingerhüte oder Fadenhalter für zweifarbiges und auch für mehrfarbiges Stricken. Dabei verlaufen die Fäden in Ösen oder Rillen und werden somit beim Stricken stets getrennt gehalten, sodass jede Farbe gezielt abgestrickt werden kann.

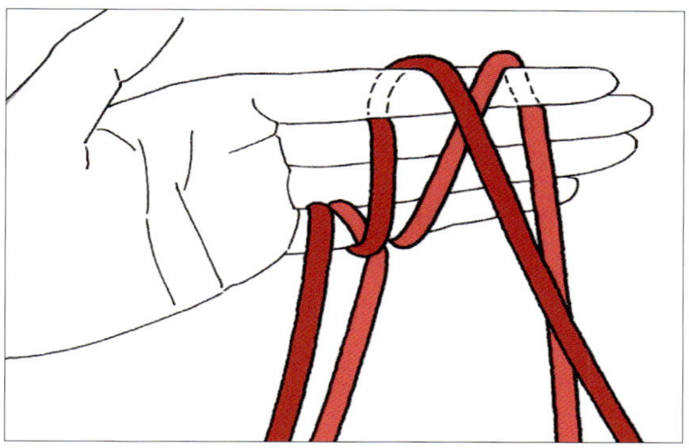

Eine weitere Möglichkeit ist das getrennte Führen von zwei Fäden auf der linken Hand. Dazu zunächst einen Faden wie gewohnt um den kleinen Finger der linken Hand, dann von hinten nach vorn um den Zeigefinger legen. Den zweiten Faden ebenfalls um den kleinen Finger, dann jedoch von vorn nach hinten um den Zeigefinger legen. Vor dem Zeigefinger bilden die beiden Fäden dabei ein Kreuz. Nun wird mustergemäß entweder mit dem vorderen oder dem hinteren Faden gestrickt. Bei unregelmäßigen Mustern, wenn also unterschiedlich breite Farbflächen gestrickt werden, muss der weniger verwendete Faden von Zeit zu Zeit am kleinen Finger etwas nachgezogen werden, sodass die Fadenspannung wieder angeglichen wird und die damit gestrickten Maschen nicht zu locker ausfallen.

Auch Zu- oder Abnahmen werden beim mehrfarbigen Stricken in der Farbe des Kästchens gestrickt, in dem sie notiert sind.

2 MASCHEN RECHTS ZUSAMMENSTRICKEN

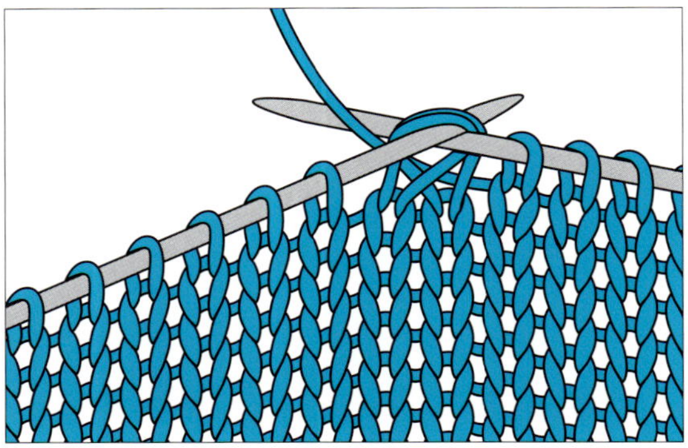

1 Der Faden liegt hinter der Arbeit. Mit der rechten Nadel von links nach rechts wie zum Rechtsstricken in die beiden Maschen zugleich einstechen.

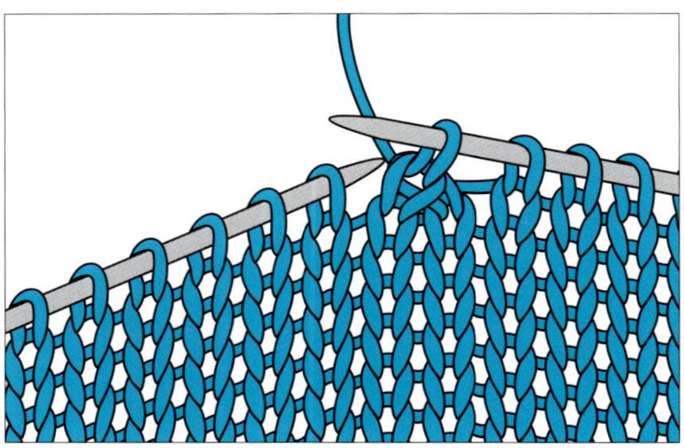

2 Den Faden holen und nach vorn durch beide Maschen ziehen. Die Maschen von der linken Nadel gleiten lassen. Die Abnahmemasche neigt sich im Maschenbild nach rechts.

2 MASCHEN RECHTS ÜBERZOGEN ZUSAMMENSTRICKEN

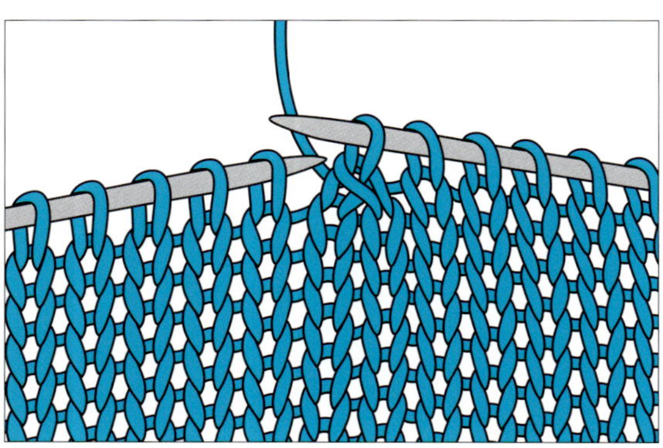

1 Masche wie zum Rechtsstricken abheben und die folgende Masche rechts stricken. Dann die abgehobene Masche darüberziehen. Die Abnahmemasche neigt sich im Maschenbild nach links.

1 MASCHE AUS DEM QUERFADEN RECHTS VERSCHRÄNKT HERAUSSTRICKEN

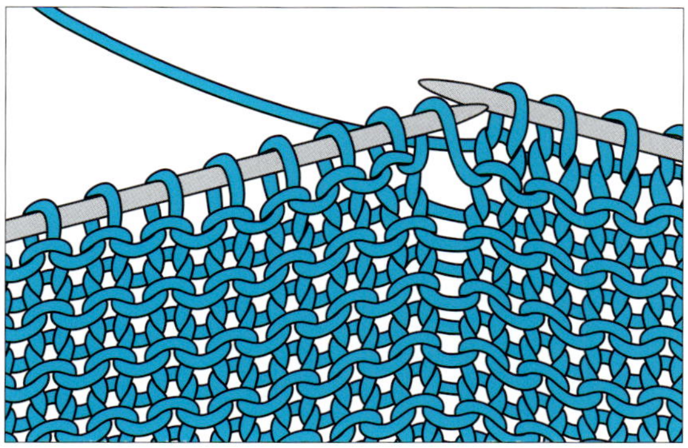

1 Der Arbeitsfaden liegt hinten. Mit der linken Nadel von vorn nach hinten unter dem Querfaden zwischen 2 Maschen einstechen, sodass der Querfaden auf der Nadelspitze liegt.

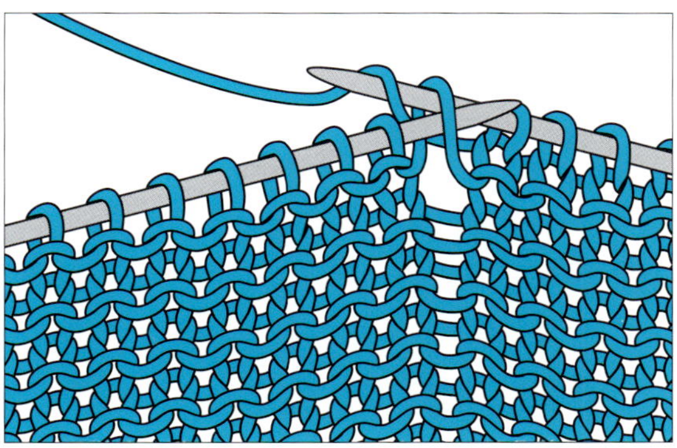

2 Mit der rechten Nadel hinter der Arbeit von rechts nach links in die Schlinge des Querfadens einstechen, sodass sie sich verdreht, und den Arbeitsfaden um die Nadel legen.

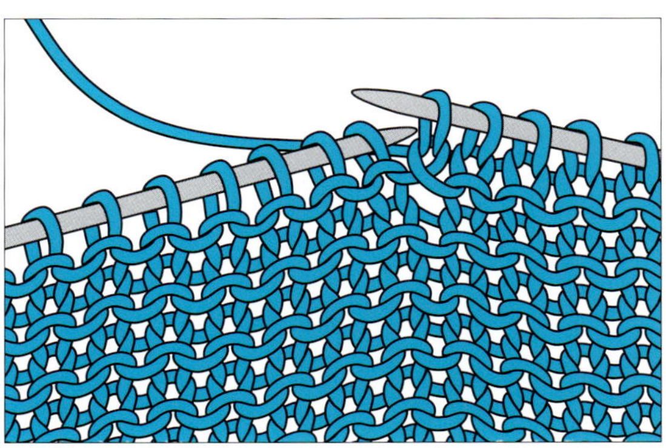

3 Den Arbeitsfaden nach vorn durchholen und anschließend den Querfaden von der linken Nadel gleiten lassen. So entsteht eine zusätzliche rechte Masche.

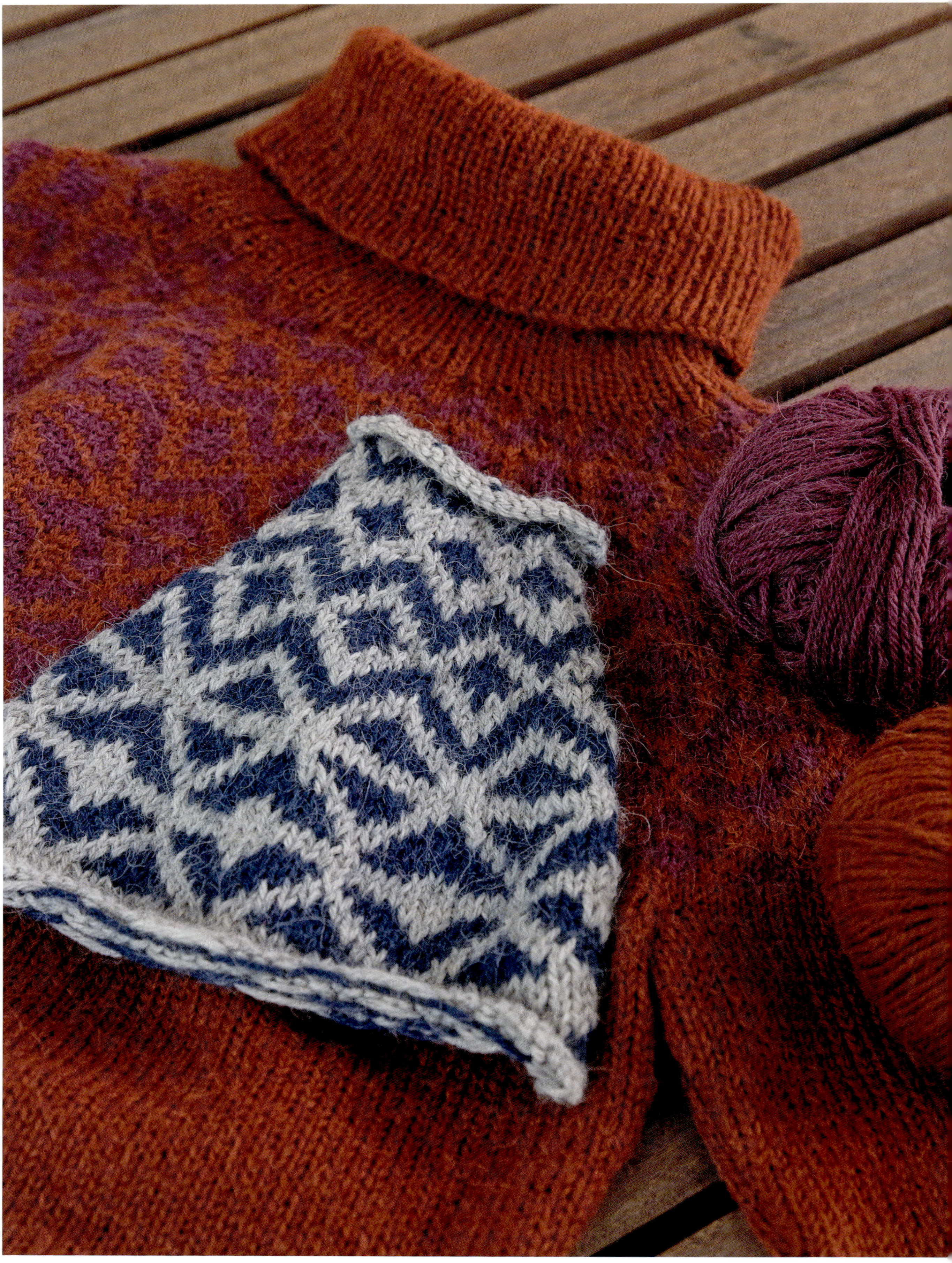

Norweger-
pullover

Jahrhundertealte Tradition avanciert zum Laufsteg-Chic.

Die feinen Zählmuster mit ihren so typischen achtzackigen Sternen, den Selburosen, stammen ursprünglich aus dem südlichen Norwegen. Ehemals nur in Schwarz und Weiß gemustert, kamen später die Nationalfarben Blau und Rot hinzu.

Weit bis in das 19. Jahrhundert sind die typischen Muster dokumentiert. Motive mit Rentieren und anderen figürlichen Elementen sind eher nicht typisch norwegisch. Diese findet man in ganz Skandinavien und den baltischen Regionen.

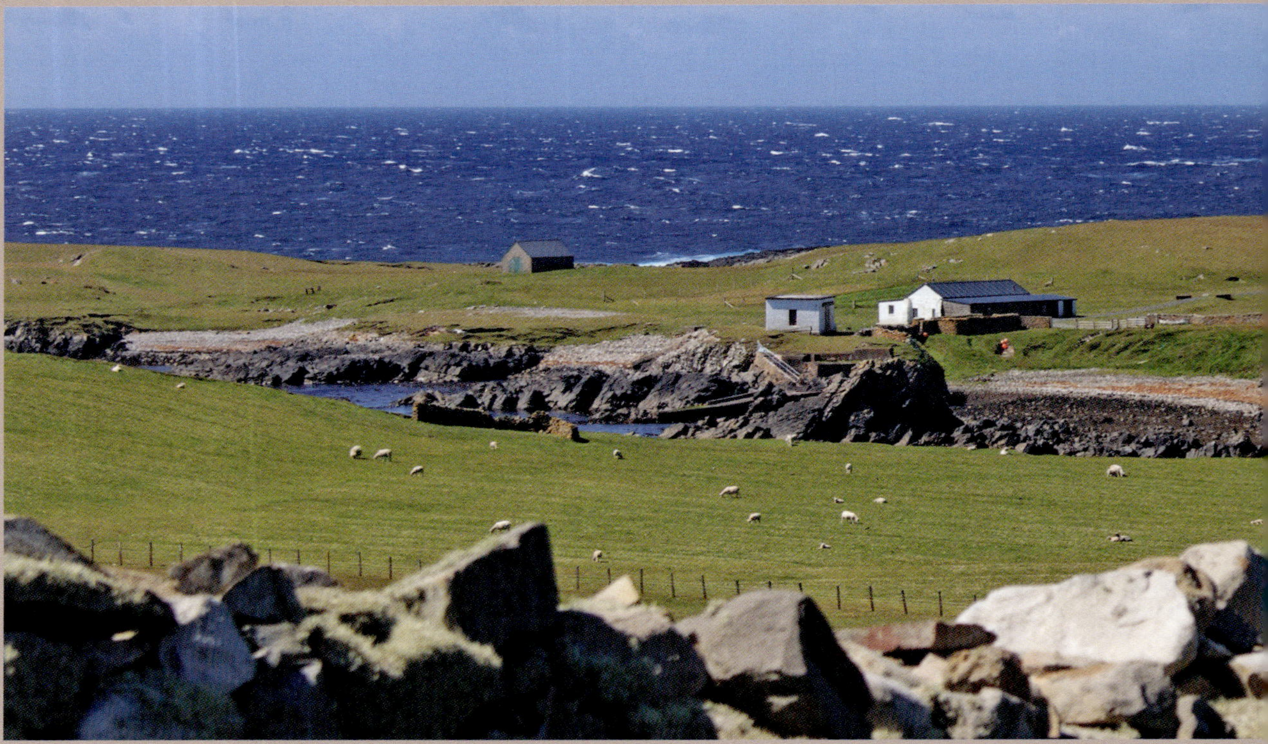

Das, was wir heute umgangssprachlich als Norwegermuster bezeichnen, ist meist eine Mischung aus Elementen der traditionellen Norweger mit den eher kleingemusterten Fair-Isle-Mustern, die ihren Ursprung auf – wie der Name schon sagt – Fair Isle haben. Diese kleine, zauberhafte Insel gehört zu den schottischen Shetlands. Man nennt sie auch „die Insel der Pullover“. Tatsächlich ist eine der Haupterwerbsquellen neben Fischerei und Landwirtschaft auf der Insel das Herstellen von Pullovern.

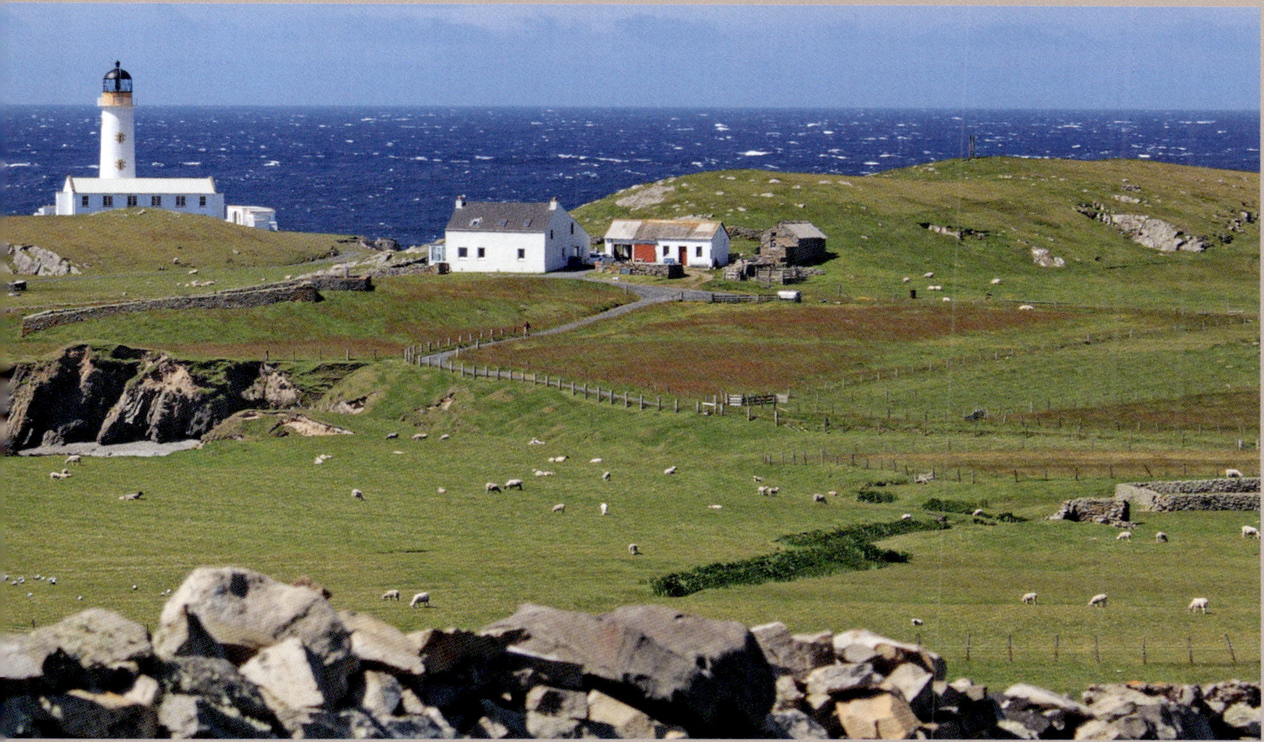

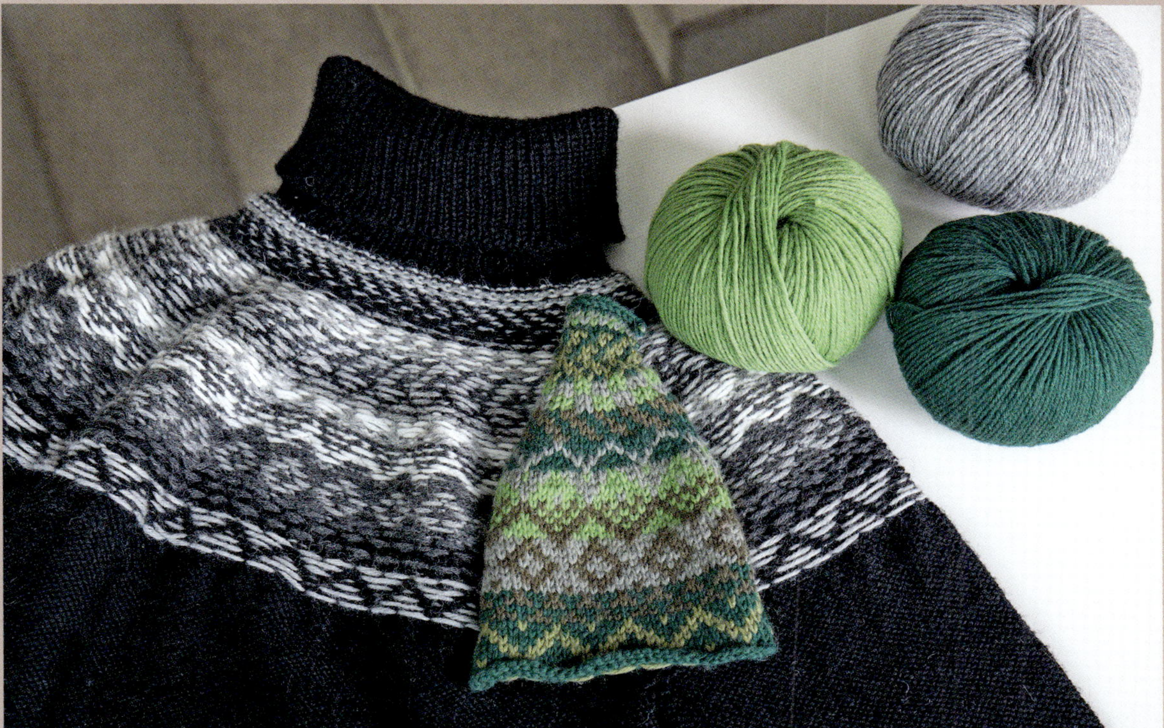

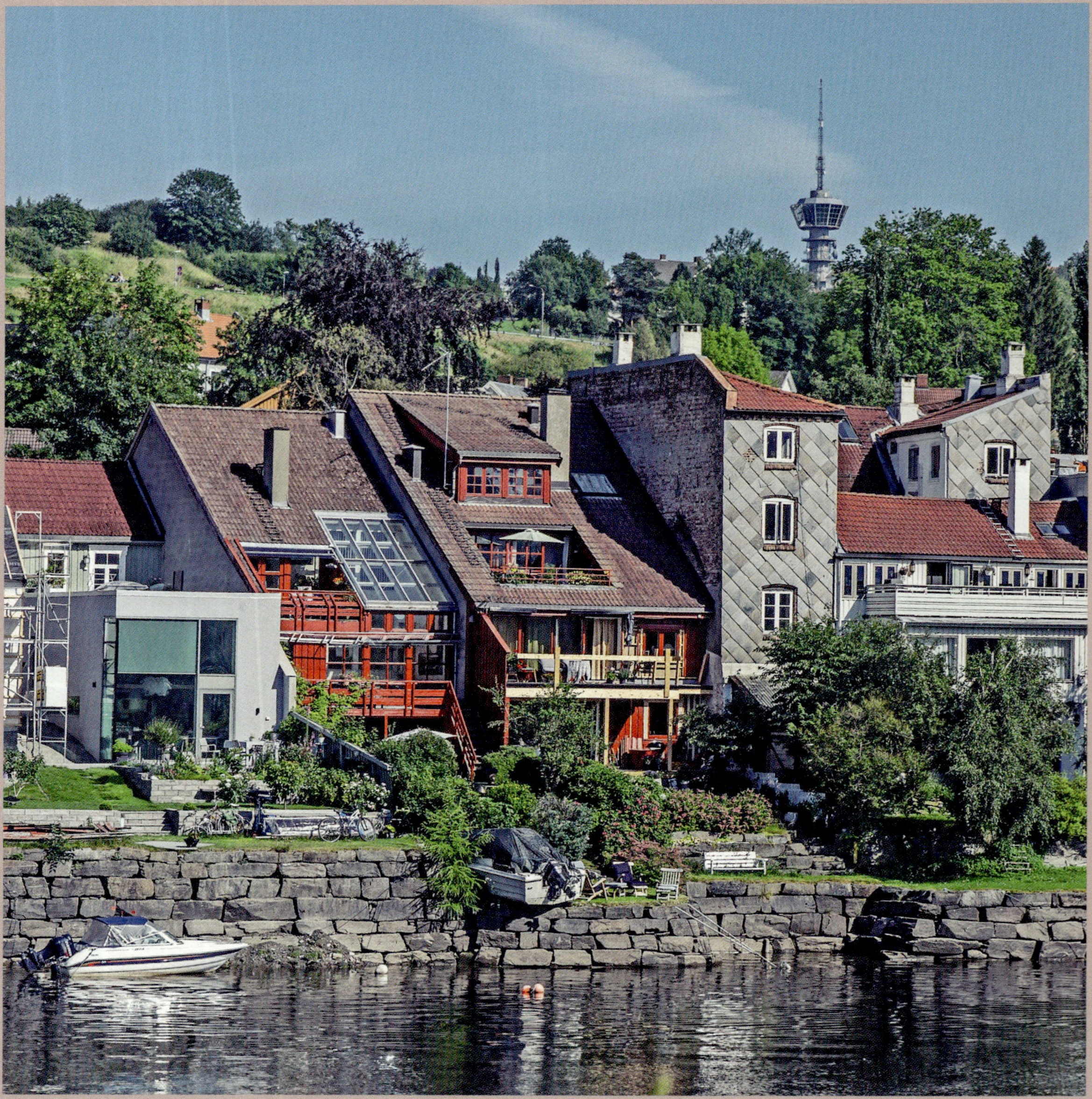

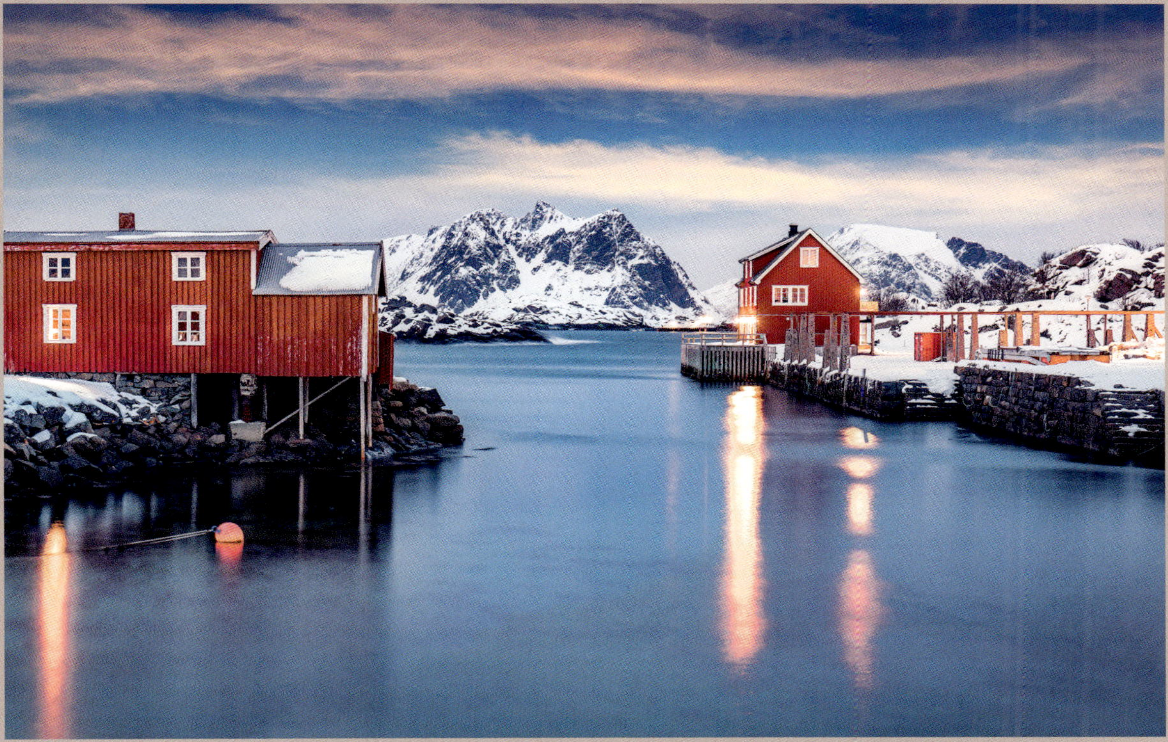

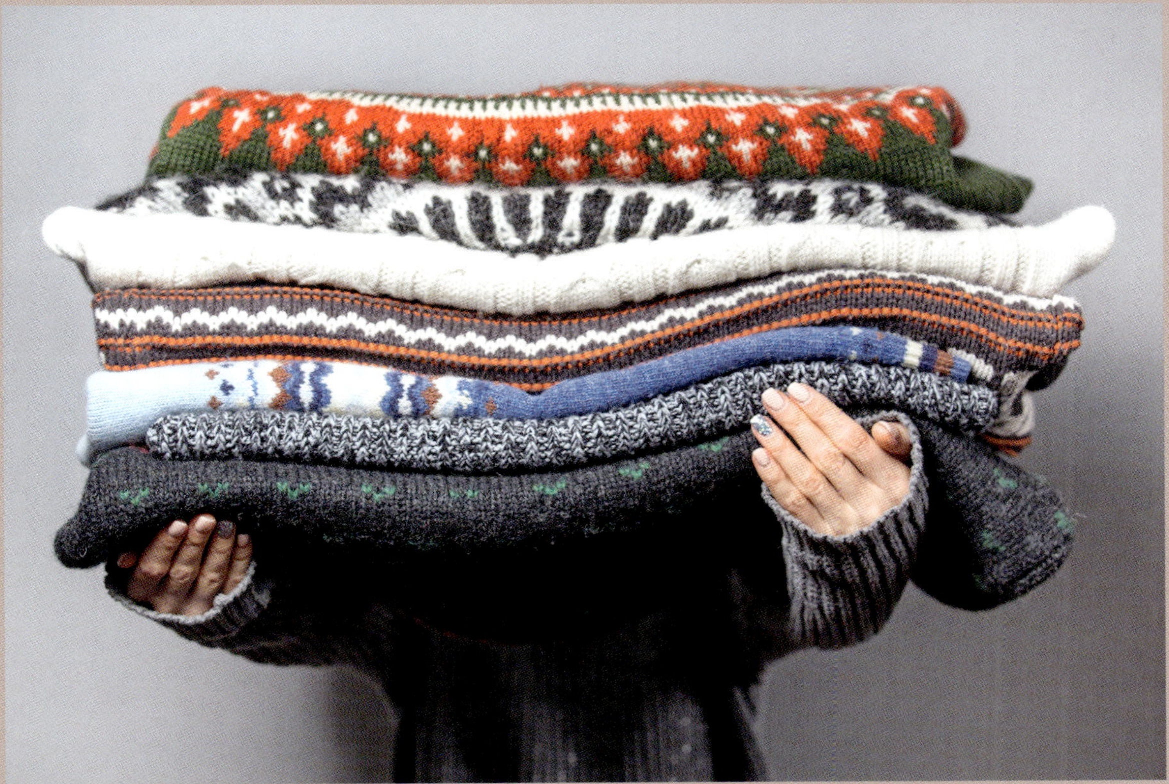

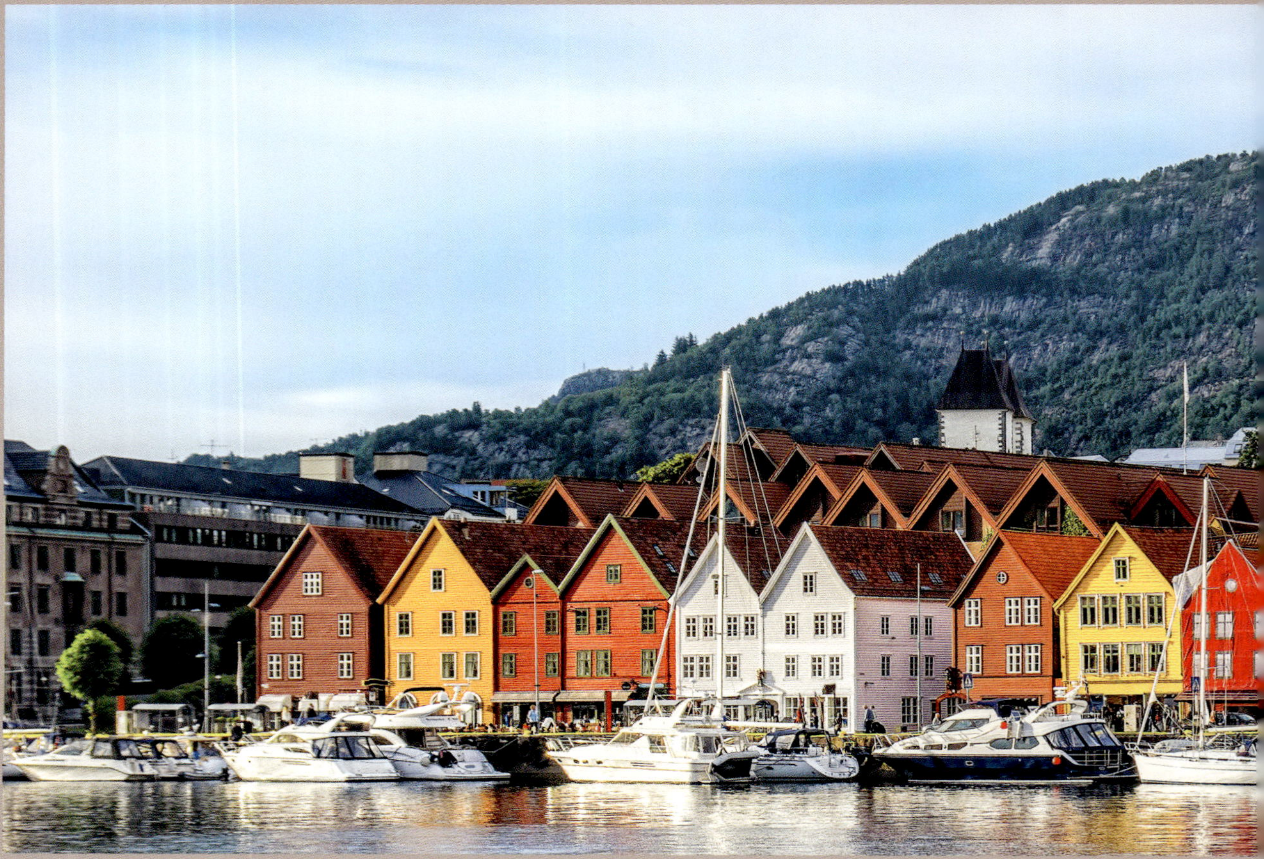

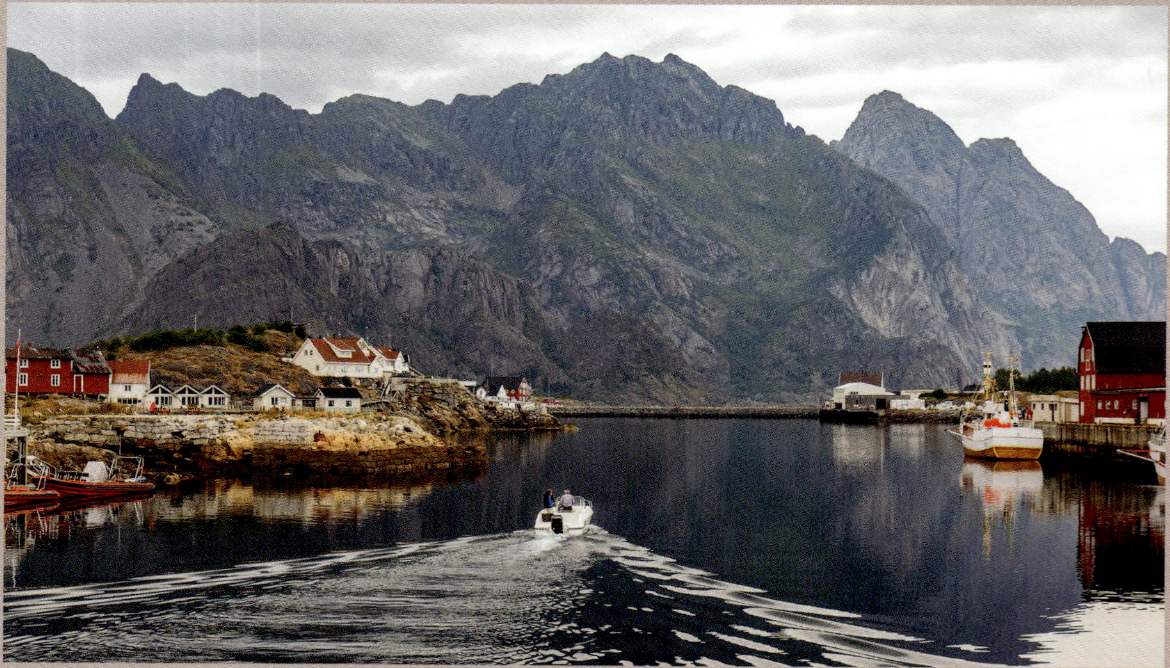

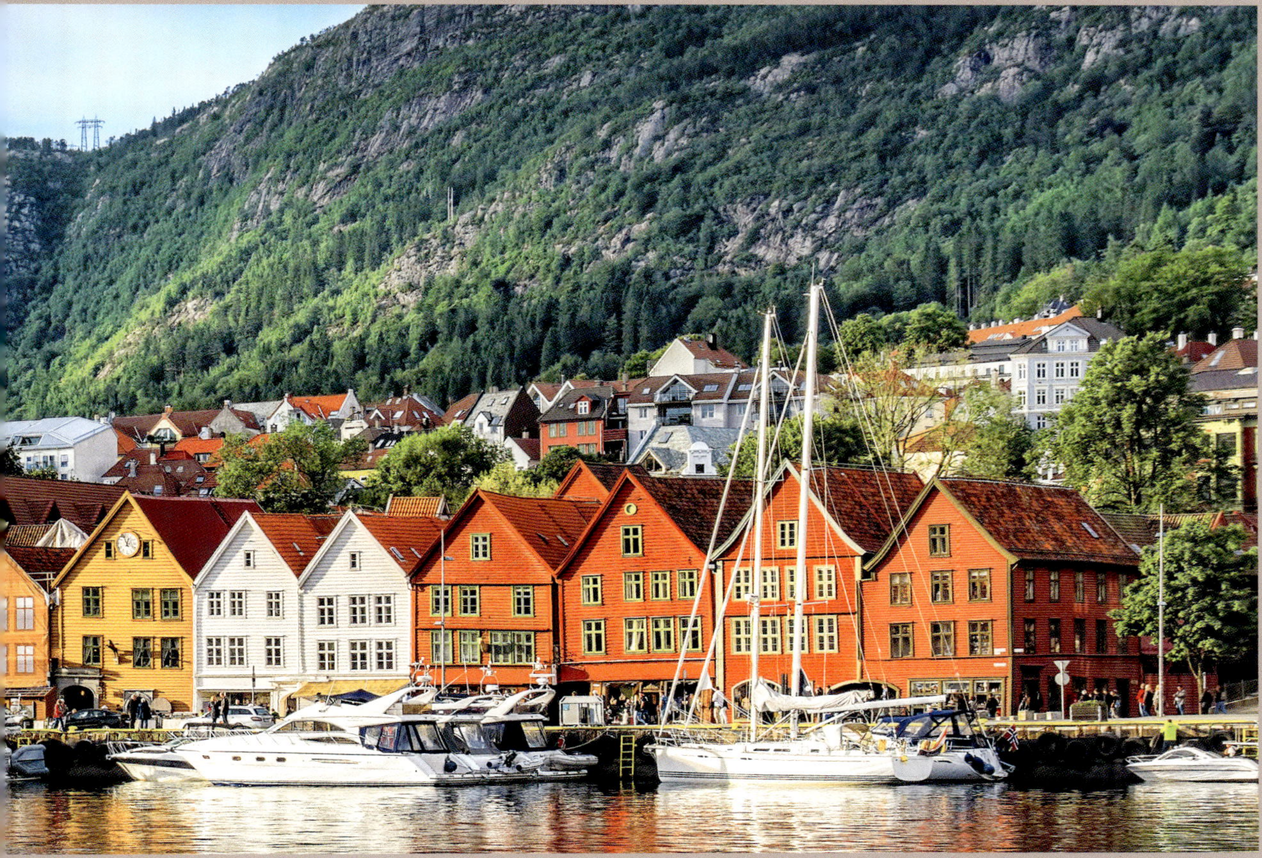

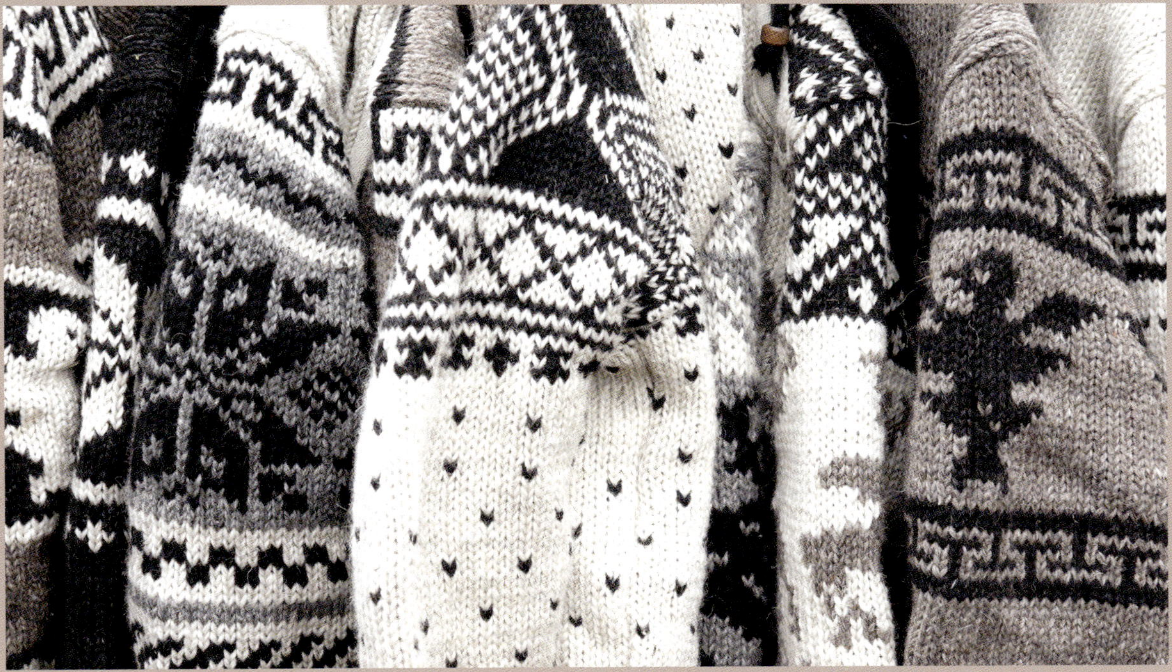

Impressum

Anleitungen und Entwürfe: Babette Ulmer
Fotos: Nina Kuhn
Redaktion: Helgrid van Impelen
Lektorat und Projektmanagement:
Stephanie van der Linden
Schmucktexte zu den Modellen: Janne Graf
Korrektorat: Mareike Weber
Umschlaggestaltung: Andreas Kersten
Satz: Elke Mader
Repro: LUWIG:media
Herstellung: Kathleen Baumann
Printed in Europe by GPS Group

★★★★★

Sind Sie mit diesem Titel zufrieden? Dann würden wir uns über Ihre Weiterempfehlung freuen. Erzählen Sie es im Freundeskreis, berichten Sie Ihrem Buchhändler oder bewerten Sie beim Onlinekauf. Und wenn Sie Kritik, Korrekturen oder Aktualisierungen haben, freuen wir uns über Ihre Nachricht an Christian Verlag, Postfach 40 02 09, D-80702 München oder per E-Mail an lektorat@verlagshaus.de.

Unser komplettes Programm finden Sie unter

www.christophorus-verlag.de

Die Deutsche Nationalbibliothek verzeichnet diese Publikation in der Deutschen Nationalbibliografie; detaillierte bibliografische Daten sind im Internet über https://www.dnb.de/ abrufbar.

Herstellerverzeichnis
Austermann (www.schoeller-wolle.de);
Buttinette (www.buttinette.com);
Junghans-Wolle (www.junghanswolle.de);
Lana Grossa (www.lana-grossa.de);
Locoporella (locoporella.de);
ONline (www.online-garne.de);
Schoppel (www.schoppel-wolle.de);
Schulana (schulana.de)

Bildnachweis
Shutterstock: S. 6/7 (Zhuravleva Katia), S. 11–103 Wollknäuel (AVIcon), S. 40/41 (AndreyCherkasov), S. 74/75 (s_oleg), S. 119 (Nonchanon), S. 120 (ChrisNoe), S. 122 (Igor Samoiliuk), S. 123 (Andrew Mayovskyy, SunCity), S. 124 (Drozdin Vladimir, Olena Tur), S. 125 (Chantal de Bruijne)

3. Auflage

in der Christian Verlag GmbH, München
Infanteriestraße 11a
80797 München

ISBN 978-3-8410-6723-4

Kreativ-Service

Sie haben Fragen zu unseren Büchern und Materialien? Wir beraten Sie gern rund um alle Kreativthemen. Rufen Sie uns einfach an. Wir interessieren uns auch für Ihre eigenen Ideen und Anregungen. Sie erreichen uns per E-Mail: **kreativ-service@c-verlag.de** oder Telefonnummer: **0049-89-1306 99 577.**

Besuchen Sie uns im Internet: www.christophorus-verlag.de & www.selbstgemacht.de

Über die Autorin

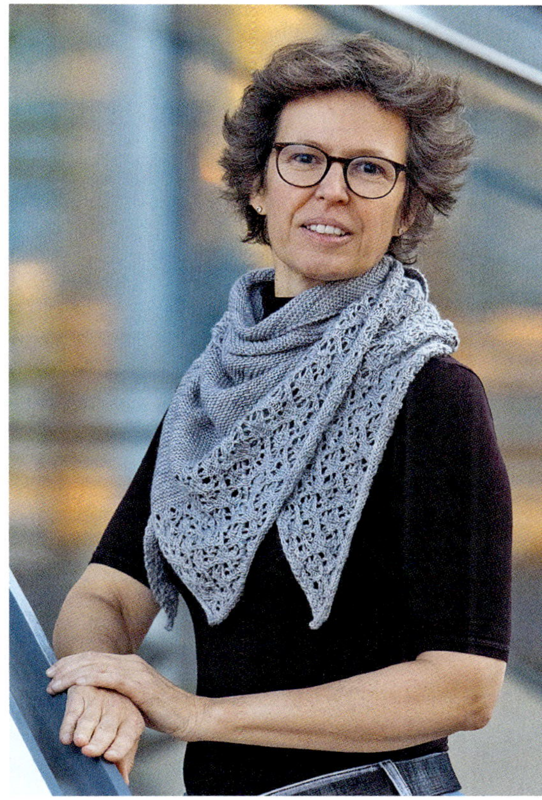

Stricken gehört seit der Teenagerzeit zu ihrem Alltag dazu: Babette Ulmer studierte Modedesign mit Schwerpunkt Maschen und hat ihr Hobby zum Beruf gemacht. Nach mehreren Jahren Berufserfahrung hat sie sich 2001 selbstständig gemacht. Sie arbeitet für verschiedene Firmen in der Handarbeitsbranche, entwirft Modelle und schreibt Anleitungen sowie seit 2007 zahlreiche bekannte Buchtitel, darunter „Stricken lernen. Der Schritt für Schritt Grundkurs", oder auch „Pullover stricken lernen".

Danke

Die abgebildeten Modelle wurden angefertigt von Maria Böhly, Sabine Langguth-Heinze, Eva Huber, Birgit Schwer, Ute Rehner und Gisela Jäger.

Ebenfalls erhältlich ...

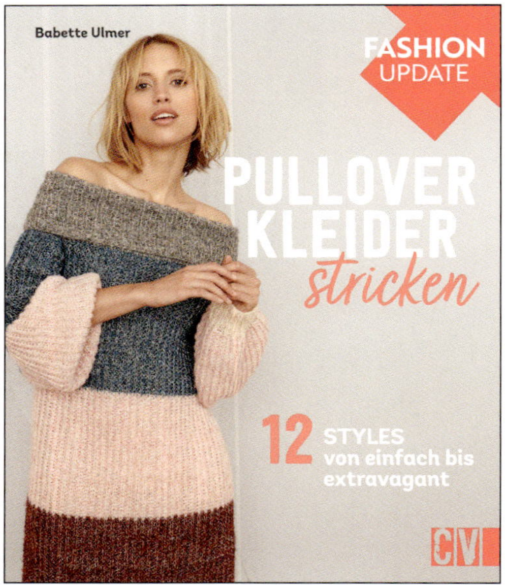

ISBN 978-3-8410-6657-2

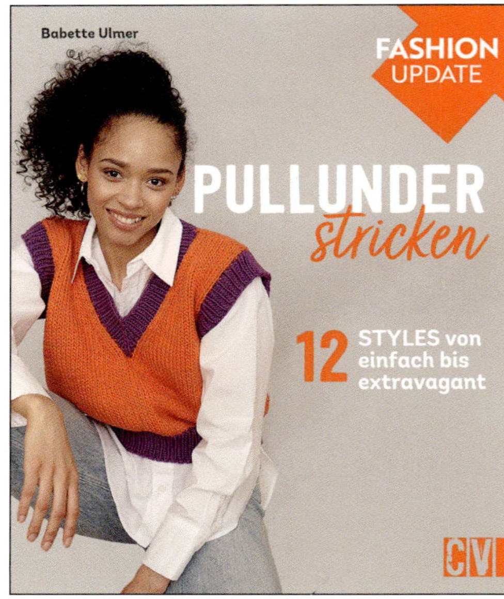

ISBN 978-3-8410-6656-5

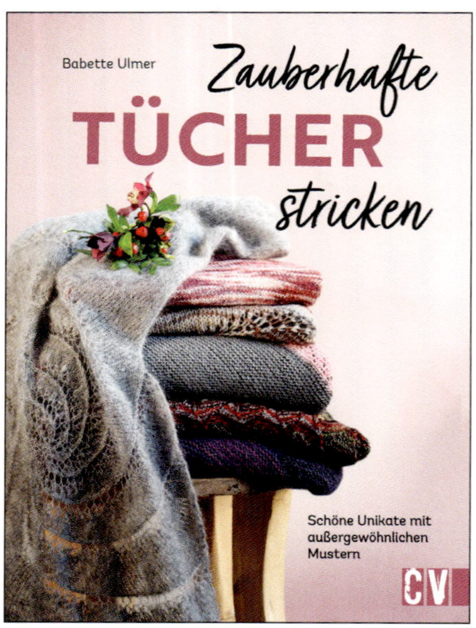

ISBN 978-3-8410-6642-8

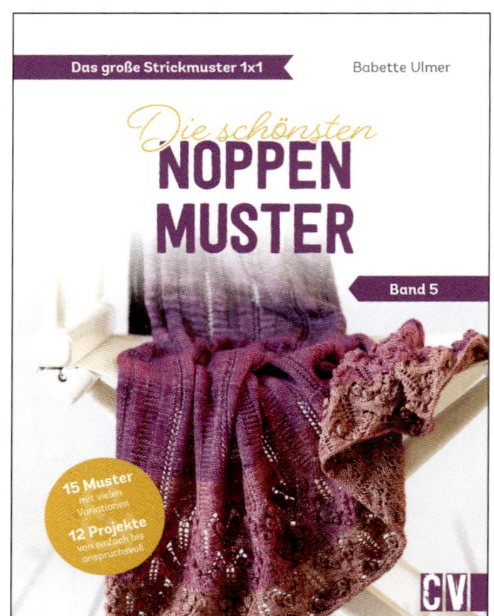

ISBN 978-3-8410-6700-5